FACULTÉ DE DROIT DE PARIS

DROIT ROMAIN

DE LA

PÉTITION D'HÉRÉDITÉ

DROIT FRANÇAIS

DE LA

PUISSANCE PATERNELLE

ET DE

SES DÉCHÉANCES

THÈSE POUR LE DOCTORAT

PAR

Alfred HEURTHAUX

PARIS

LIBRAIRIE NOUVELLE DE DROIT ET DE JURISPRUDENCE

ARTHUR ROUSSEAU, ÉDITEUR

14, RUE SOUFFLOT ET RUE TOULLIER, 13

1893

THÈSE

POUR LE DOCTORAT

Thèse

FACULTÉ DE DROIT DE PARIS

DROIT ROMAIN

—

DE LA

PÉTITION D'HÉRÉDITÉ

DROIT FRANÇAIS

—

DE LA

PUISSANCE PATERNELLE

ET DE

SES DÉCHÉANCES

THÈSE POUR LE DOCTORAT

L'ACTE PUBLIC SUR LES MATIÈRES CI-APRÈS
Sera soutenu le jeudi 23 mars 1893, à 1 heure.

PAR

Alfred HEURTHAUX

Président : M. Léon MICHEL.

Suffragants : MM. GÉRARDIN,
CHAVEGRIN,
LE POITTEVIN, } *professeurs.*

PARIS

LIBRAIRIE NOUVELLE DE DROIT & DE JURISPRUDENCE

ARTHUR ROUSSEAU, ÉDITEUR

14, RUE SOUFFLOT ET RUE TOULLIER, 13

—

1893

A MES PARENTS

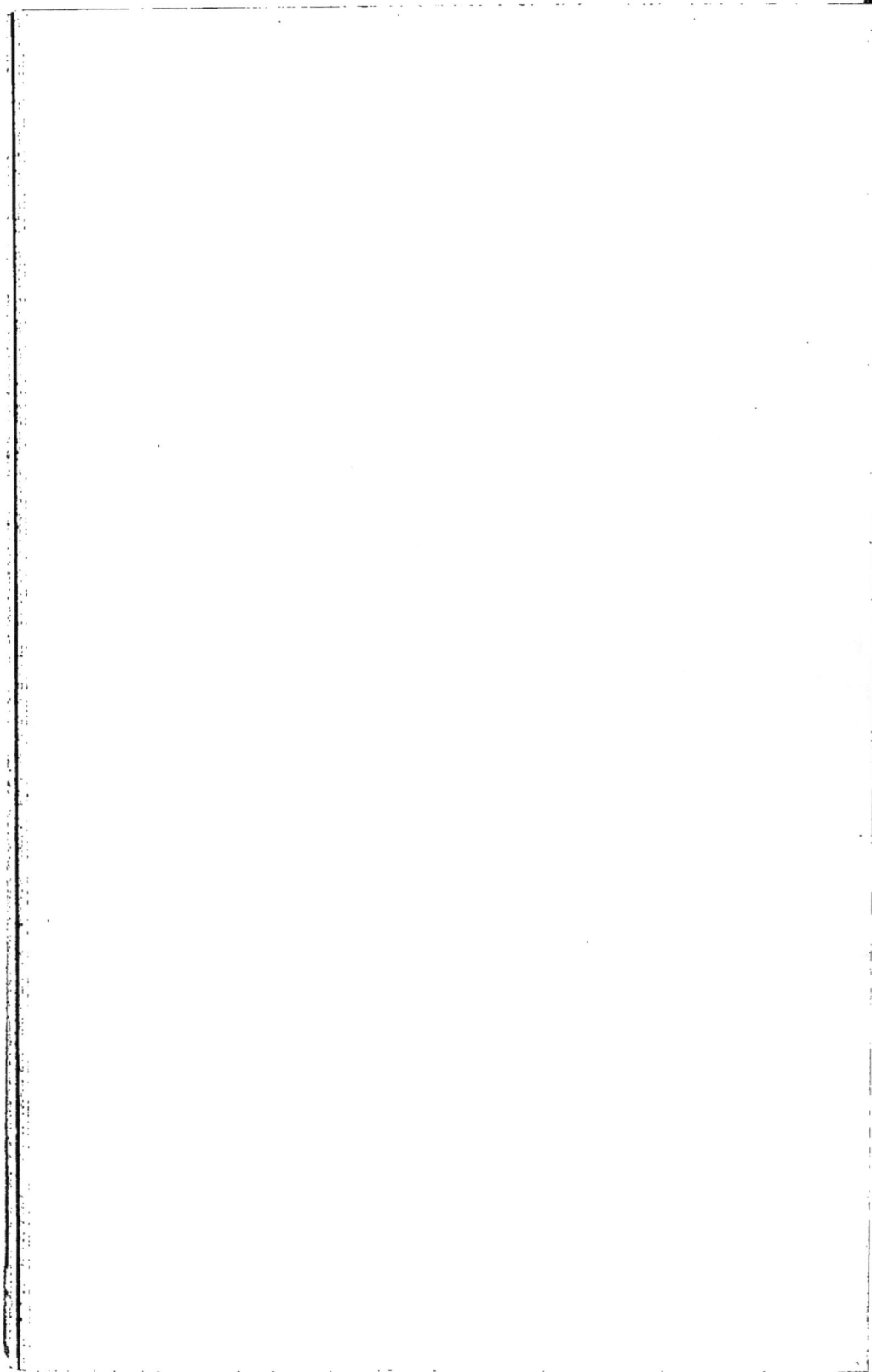

DROIT ROMAIN

DE LA

PÉTITION D'HÉRÉDITÉ

GÉNÉRALITÉS.

La transmission de l'universalité juridique des biens d'une personne, c'est-à-dire de son patrimoine, s'opère en droit romain par suite de faits nombreux ; la *cessio in jure*, la *bonorum addictio libertatis causâ*, l'*adrogatio*, la *manus*, etc. — Si cette transmission s'opère par suite de la mort du propriétaire, le patrimoine transmis prend le nom d'*hérédité* et celui qui le recueille la dénomination de *hæres*.

La succession universelle, quelle qu'elle soit, implique une succession particulière aux droits, aux biens dont la réunion forme le patrimoine, aux actions particulières qui sanctionnent ces droits. L'hérédité diffère des autres modes de succession universelle en ce qu'elle présente une particularité 'propre à elle seule : une action spéciale la sanctionne, qui n'a d'analogie avec aucun des moyens de droit usités dans les autres modes de transmission du patrimoine : c'est la *petitio hereditatis* que nous allons étudier.

CHAPITRE PREMIER

DÉFINITION DE LA PETITIO HEREDITATIS.

Voët définit la *petitio hereditatis* : *Actio civilis prima-ria in rem, mixta tamen propter personales præstationes, bonæ fidei, quâ quis contendit hereditatem suam esse, eam-que sibi ab eo qui pro herede vel pro possessore restitui.*

Doneau, une « *actio in rem per quam hereditatem nos-tram petimus et per causam hereditatis res singulas here-dita rias ab eo qui earum rerum sine causâ possidet, ut nobis restituatur* ».

Ces deux définitions ne peuvent nous satisfaire. L'une et l'autre nous donnent bien quelques-uns des éléments qui constituent la *petitio hereditatis* ; mais toutes deux tendent à nous faire envisager sous un jour faux la véri-table physionomie de cette action, si l'on peut s'expri-mer ainsi. C'est en s'attachant à son objet immédiat que l'on dégage le caractère propre d'une action ; or ici le but que poursuit le demandeur en pétition d'hérédité ne consiste pas à faire reconnaître son droit sur tel ou tel bien, à obtenir la restitution d'un objet, d'une action dépendant d'un patrimoine ; ce qui fait l'objet du litige, ce qui est directement en jeu, c'est la qualité de *hæres,* qualité à laquelle le demandeur prétend, à l'encontre du défendeur qui la lui conteste. Le droit à l'hérédité une fois reconnu, la restitution des biens composant l'hérédité suivra bien, mais ce n'est là qu'une conséquence du résultat de l'instance. Concluons de là que s'il y a débat, non point sur la qualité héréditaire (*controversia de hereditate*), mais seulement sur la composition de la masse héréditaire, il n'y aura pas lieu d'intenter la *petitio hereditatis*.

Il existe un intérêt profond à analyser avec justesse l'objet propre de la *petitio hereditatis*. C'est en effet cette considération qui fait distinguer la pétition d'hérédité de la *reivindicatio* qu'on tend le plus souvent à confondre avec elle. Si l'on ne s'attachait qu'au résultat qui, pour le défendeur, consiste à restituer, il n'y aurait pas entre ces deux actions de différence appréciable. En général, il est vrai, la *petitio hereditatis* aboutit à la restitution d'une universalité de biens et la revendication ne porte que sur un objet particulier ; mais ce n'est là qu'un accident dans lequel il ne faudrait point voir un élément essentiel. Le contraire, en effet, peut se produire ; la revendication peut porter sur un ensemble de *res* et, d'autre part, il peut arriver que le défunt n'ayant eu que la possession d'un seul objet, il y ait lieu cependant à la *petitio hereditatis*. Envisageant au contraire les deux actions sous d'autres points de vue, nous voyons que les demandeurs n'y émettent point les mêmes prétentions.

Dans la *reivindicatio* le demandeur soutient qu'il est propriétaire d'un objet déterminé en vertu d'un mode d'acquérir à titre particulier. Dans la *petitio hereditatis* la cause d'acquisition est un mode d'acquérir *per universitatem*. De là résulte qu'on oppose la *petitio hereditatis* comme action générale à la *reivindicatio* et aux autres actions que l'on qualifie de *singulares in rem actiones*. En second lieu, la *reivindicatio* n'a pour objet que des choses corporelles dont le demandeur se dit propriétaire. La *petitio hereditatis*, au contraire, peut comprendre des droits de créance ; bien plus elle peut ne comprendre que des droits de cette nature. Enfin dans la *reivindicatio*, la *revendicans* soutient toujours qu'il a un droit *in rem*, qu'il est propriétaire ; la *petitio hereditatis*, au contraire, se référât-elle même à des choses corporelles, n'impliquerait nullement que le défendeur affirmât son droit de propriété.

Résumant tous ces éléments en une formule concise nous dirons que la *petitio hereditatis* est l'action par laquelle une personne tend à faire reconnaître qu'un droit de succession est ouvert à son profit.

CHAPITRE II

I. La *petitio hereditatis* est une *action civile*. — Dans
le nouveau droit la distinction entre les actions civiles
et les actions prétoriennes ne présente qu'un intérêt
doctrinal. Dans l'ancien droit elle offrait une utilité pratique. Les actions civiles figurent forcément dans l'édit
et par conséquent survivent à tous les changements de
magistrats, tandis que les actions prétoriennes, puisant
leur force obligatoire dans l'autorité toute temporaire
du magistrat, peuvent ne pas survivre à celui qui les a
créées en les insérant dans son édit. De plus, un grand
nombre d'actions civiles avaient une formule *in jus concepta*, tandis que les actions prétoriennes étaient ordi-
nairement *in factum conceptæ*, quelquefois utiles ou fictices, mais jamais *in jus conceptæ*.

II. La *petitio hereditatis* est une *action certa*. — Sa
formule se composait exclusivement d'une *intentio* et
d'une *condemnatio*. Il n'y avait pas de *demonstratio*. Ce
fait s'explique : le rôle de la *demonstratio* dans la formule
consiste à déterminer la cause de l'action, l'objet du *judicium*. Or, dans une action personnelle, une même

personne peut devoir la même chose à son créancier plusieurs fois, à des titres divers ; il est donc nécessaire
que le créancier poursuivant le recouvrement de ce qui
lui est dû, indique la cause de sa demande. En même
temps il détermine l'objet de l'instance. Tout au contraire, dans une action *in rem* comme la *petitio hereditatis*, le demandeur ne poursuit qu'un but : la reconnaissance de son titre d'héritier. Or on ne peut être propriétaire de la qualité d'héritier qu'une seule fois. Il est
donc inutile d'indiquer dans la formule la base sur laquelle le demandeur fait reposer ses prétentions.

III. La *petitio hereditatis* est une action *in jus*. — La
division des actions en actions *in jus* et en actions *in
factum* se réfère à la rédaction de l'*intentio*. L'*intentio*
est *in jus concepta* et l'action par suite est *in jus* lorsque
la rédaction de l'*intentio* adoptée par le préteur fait res-
sortir l'idée d'un droit. Cette idée est mise en relief dans
les actions personnelles par le mot « *oportere* », et dans
les actions réelles par les expressions « *rem ex jure
Quiritium Auli Agerii esse* ».

Au contraire, dans les actions *in factum*, le préteur
subordonnait la condamnation à la simple vérification
d'un fait. Evidemment le préteur suppose bien que ce
fait peut exister sans donner naissance à un droit, mais
ce droit ne se révèle pas dans les expressions employées
par le préteur dans l'*intentio* de la formule. Le droit se
dissimule sous la description du fait. La reconstitution

de la formule de la *petitio hereditatis*, telle qu'il a été possible de le faire sur les indications des textes, nous révèle bien la *conceptio in jus* de l'*intentio*.

Marcus Titius judex esto.

Si paret hereditatem Titii quâ de agitur ex jure Quiritium Auli Agerii esse, neque ex arbitratu tuo restituetur, quidquid Numerius Negidius pro herede vel pro possessore possidet, quanti ea res erit judex ; Numerium Negidium, Aulo Agerio condemnato.

Si non paret absolvito.

IV. La *petitio hereditatis* est une *action réelle*. — Que la *petitio hereditatis* ne soit pas une action personnelle, c'est ce que nul ne met en doute ; il n'y a pas besoin en effet ici de nommer le défendeur dans la formule « *hereditatem quâ de re agitur meam esse aïo* ». Quand on est héritier on l'est à l'égard de tout le monde. L'*intentio* ne comprendra donc point le nom du défendeur.

De ce que la *petitio hereditatis* n'est pas une action personnelle faut-il conclure que c'est une action réelle ? Au premier abord il semble que ce soit là une conséquence toute naturelle à déduire ; l'esprit se refuse à comprendre une *intentio* dans laquelle le défendeur se trouverait tout à la fois être et n'être pas nommé. Il semble donc qu'il ne puisse y avoir de doute et que par ce fait qu'une action n'est pas personnelle, elle est nécessairement réelle. Le paragraphe 20, livre IV, titre VI aux Instituts va pourtant à l'encontre de ce raisonnement plein de logique « *Quædam actiones,* dit-il, *mixtam causam obtinere videntur, tam in rem quam in personam* ». Et il cite comme exemples les trois actions divisoires.

Ce texte crée entre les actions réelles et les actions personnelles une troisième classe d'actions : les actions mixtes. Les commentateurs se sont épuisés à démontrer que Justinien n'avait pas atteint ce but dans le paragraphe 20 ; leurs explications multiples sont toutes inacceptables, et tel qu'est ce fragment des Institutes, il faut bien l'accepter. Cujas, Voët prétendent que, semblable en cela aux actions divisoires, la *petitio hereditatis* est mixte. En quoi consiste le caractère d'action mixte de la *petitio hereditatis* ? Ces commentateurs s'accordent à reconnaître que si elle est mixte, elle diffère cependant des actions divisoires. Le caractère d'action mixte des actions divisoires provient de ce que, reposant sur une obligation qui tend à les faire considérer comme actions personnelles, elles supposent en même temps une communauté de droits réels, et qu'ayant une *intentio* comme les actions personnelles elles peuvent conduire au même résultat que les actions réelles.

Ces éléments ne se retrouvent pas dans la *petitio hereditatis*. D'où provient donc le caractère d'action mixte que les romanistes lui attribuent ? Sur ce point les divergences commencent et les explications sont confuses et discordantes.

Sans rechercher actuellement ce que Cujas et Voët

entendent par action mixte, nous affirmons, et nous allons l'établir, que la *petitio hereditatis* est une action réelle.

Et tout d'abord nous pouvons argumenter de l'expression même qui désigne cette action. En règle générale le mot « *petitio* » est une expression propre qui désigne les actions *in rem* par opposition au mot « *action* » qui désignait plus spécialement les actions personnelles : « *Actionis verbum et speciale est et generale : nam omnis actio dicitur, sive in personam, sive in rem sit petitio : sed plerumque actiones personales solemus dicere : petitionis autem verbo in rem actiones significari videntur ;..... »* Loi 178, § 2, livre L, titre XVI, Digeste. Cette argumentation ne serait point décisive par elle-même, l'expression « *petitio* » s'employant quelquefois aussi pour désigner une *actio in personam* ; mais cette preuve échafaudée sur la terminologie devient irréfutable si nous examinons des textes comme la loi 1, § 5, Digeste, livre V, titre IV, où il est dit que la *petitio hereditatis* est une «*vindicatio hereditatis* ». Cette expression est typique pour désigner les actions réelles. D'autre part l'*intentio* de la formule ne contient pas le nom du défendeur ; c'est bien là le trait distinctif de l'action *in rem* (Gaius, *Commentaires*, IV). Ulpien dans la loi 25 au Digeste, livre XLIV, titre VII, donnant les caractères de l'action *in rem*, la définit : « *In rem actio est, per quam rem nostram quæ ab alio possidetur, petimus* ». Le demandeur en pétition d'hérédité a reçu de la succession la qualité de propriétaire ; c'est en se prétendant propriétaire qu'il agit ; de plus, agissant contre un possesseur, qu'a-t-il pour but d'obtenir ? Une restitution. Il est vrai que dans la *petitio hereditatis*, au lieu d'une *res singularis*, on réclame une *universitas juris*. Mais qu'importe ; il n'en est pas moins certain que le demandeur agit en vertu d'un droit réel ; il n'est pas moins certain qu'il réclame une chose.

L'historique de la procédure corrobore bien cette manière de voir. Cette action s'exerça successivement *per sacramentum* et *per sponsionem*. Ce sont là précisément les phases par lesquelles est passée la procédure des actions réelles.

Ulpien dans la loi 25, § 18, Digeste, livre V, titre III, s'exprime en ces termes « *Hereditatis petitio, etsi in rem actio sit, habet tamen quasdam præstationes personales, utputa eorum quæ a debitoribus sunt exactæ ; item prætiorum.* Il considère si bien la pétition d'hérédité comme une action réelle qu'il s'étonne que cette action aboutisse à des condamnations personnelles. Ajoutons encore que Justinien, en énumérant les actions mixtes (§ 20, Institutes, livre IV, titre VI) ne fait pas mention de la *petitio hereditatis*. Dans une foule de textes, il reproduit la vieille expression « *hereditatem vindicare* ».

A toutes ces preuves vient encore s'en joindre une autre tirée de l'usucapion *pro herede*. A l'origine, l'ac-

tion en pétition d'hérédité n'était pas en faveur. Il était
facile aux usurpateurs de s'emparer des successions. En
effet, on accordait même au possesseur de mauvaise foi
la faculté d'acquérir par l'usucapion d'un an la succession qu'il avait appréhendée. On expliquait cette faveur
extraordinaire à l'endroit de l'usucapant, en disant que
l'hérédité était jacente et que par suite celui qui s'en
emparait n'était pas considéré comme commettant un
furtum. Le véritable motif de cette anomalie était
qu'on voulait forcer les personnes appelées à une succession à la réclamer le plus tôt possible. La religion ne
s'accommodait pas des lenteurs que mettait l'héritier
à se mettre en possession ; le culte des ancêtres se
trouvait interrompu par suite de ces retards ; c'est pour
cela qu'on prit des mesures énergiques. Or l'existence
de cette usucapion *pro herede* vient étayer toutes les
bonnes raisons que nous avons de voir dans la *petitio
hereditatis* une action réelle. L'usucapion est en effet un
mode d'extinction particulier aux droits réels ; il s'applique à la pétition d'hérédité et l'anéantit ; c'est donc
que la nature de cette action lui offre un élément sur
lequel il peut agir. Ce serait bien inutilement que le
débiteur opposerait cette prescription extinctive d'un
droit à celui qui prétendrait avoir la qualité non pas
de propriétaire, mais de créancier. Ce dernier répondrait
avec raison : Cette usucapion ne me touche pas ; vous
n'en êtes pas moins tenu de me restituer la chose que

vous prétendez usucaper et cela à raison de l'obligation personnelle qui vous lie envers moi.

A toute cette argumentation les romanistes qui refusent à la *petitio hereditatis* le caractère d'action réelle
que nous lui attribuons font plusieurs objections.

La loi 7, Code, livre III, titre XXXI fournit une base
à leur théorie. En général une action *in rem* peut être
éteinte soit par l'usucapion, soit, si elle porte sur un
fonds provincial par la *præscriptio longi temporis*. Or
Dioclétien, dans le texte que nous venons d'indiquer,
s'exprime ainsi : *Hereditatis petitionem quæ adversus
pro herede vel pro possessore possidentes exerceri potest,
præscriptione longi temporis non submoveri, nemini in-
cognitum est : cum mixtæ personalis actionis ratio hoc res-
pondere compellat. A cæteris autem tantum specialibus in
rem actionibus, vindicare posse manifestum est, si non
agentis intentio per usucapionem vel longum tempus ex-
plosa sit »*. A la différence des autres actions *in rem* qui
peuvent être repoussées par l'usucapion et la *præscriptio
longi temporis*, la *petitio hereditatis* ne peut se voir opposer que l'usucapion. Cujas, Voët s'appuient sur ce
texte pour déclarer mixte la pétition d'hérédité.

Et cet argument de texte, ils l'appuient du raisonnement suivant : si la *petitio hereditatis* tend à la restitution de choses héréditaires dont le demandeur a acquis
la propriété en vertu de sa qualité d'héritier, elle comprend aussi la restitution de choses sur lesquelles le dé-

funt n'a jamais eu de droits, par exemple la restitution du prix d'une chose héréditaire vendue depuis la mort du défunt.

Nous répondrons que ces objections ont le tort de reposer sur une fausse interprétation du mot personnel ; Cujas, en particulier, lui attribue contre toute raison un sens technique. Ce qui est vrai, c'est que l'*intentio* de la formule était donnée à deux fins ; le demandeur n'y revendiquait pas seulement son hérédité, ce qui est le but de l'action *in rem* ; il soutenait encore que le défendeur était obligé vis-à-vis de lui.

La loi 25, § 18, Digeste, livre V, titre III, dans laquelle Ulpien s'exprime en ces termes « *etsi in rem actio sit, tamen habet præstationes quasdam personales* » a aussi été exploitée.

Que sont ces *præstationes personales* ? Elles consistent dans la restitution des sommes qui ont été payées par les débiteurs héréditaires ; elles comprennent aussi les sommes qui ont été touchées comme prix d'une chose héréditaire. Or, pour Cujas et ses partisans, quand la *petitio heditatis* fait obtenir ces restitutions, elle agit comme action personnelle. Quand le défendeur a vendu des choses héréditaires, il en doit le prix comme quantité, comme chose fongible, personnellement ; il ne le doit pas comme corps certain héréditaire dont il serait possesseur. De même pour l'argent monnayé ; ce n'est pas non plus à proprement parler un objet héréditaire, le détenteur s'en trouve personnellement débiteur à l'instar en quelque sorte d'un gérant d'affaires. Peu importe donc qu'il ait ou non cessé de posséder.

Répondons qu'en pareil cas effectivement le défendeur est tenu personnellement vis-à-vis de l'héritier, mais qu'il est tenu personnellement comme il le serait d'avoir causé du dommage à l'hérédité : il est tenu comme tout débiteur héréditaire vis-à-vis de l'héritier qui réclame le paiement d'une créance de la succession. Or cela ne veut pas dire que Cujas et Voët aient raison ; tout ce que l'on en peut déduire, c'est que la *petitio hereditatis* peut être dirigée contre un débiteur héréditaire parce qu'en pareil cas on considère ce débiteur héréditaire comme un *possessor juris*, c'est-à-dire comme possédant la créance héréditaire pour l'éteindre par confusion « *Item a debitore hereditario, quasi a juris possessore : nam et a juris possessoribus, posse hereditatem peti, constat.* Loi XIII, § 15, Digeste. Livre V, titre III ». Si dans les hypothèses que l'on nous oppose, on peut poursuivre le défendeur par la pétition d'hérédité, c'est qu'on ne voit plus en lui qu'un *possessor juris*, c'est que l'on envisage sa résistance à payer moins comme un refus de paiement que comme une possession de l'hérédité lui permettant de se libérer par confusion.

Le paiement auquel on le contraindra dans ces conditions sera moins un paiement qu'une institution d'hérédité. Et d'ailleurs si ces prestations sur lesquelles on

prétend fonder la personnalité accessoire de la *petitio
hereditatis* pouvaient fournir un argument sérieux, il en
résulterait qu'elles devraient influer sur la nature de
toutes les actions dans lesquelles elles se rencontrent. Et
à ce compte la *reivindicatio* elle-même, le type de l'action réelle, serait une action mixte. Il résulte en effet de
la loi 36, § 1, Digeste, livre VI, titre I : « *Qui in rem
convenitur etiam culpæ nomine condemnatur*..... » que le
défendeur en revendication est responsable des pertes et
détériorations survenues à la chose qu'il possède au
cours de l'instance par sa faute ou son dol. Cette respon-
sabilité incombe aussi bien au possesseur de bonne foi
qu'au possesseur de mauvaise foi. En effet, bien que la
litis contestatio ne suffise pas par elle seule à constituer
l'état de mauvaise foi et à mettre en demeure le possesseur jusque là de bonne foi, puisqu'il peut avoir de justes
raisons de croire à l'échec de l'action intentée contre
lui, cependant cette *litis contestatio* doit suffire pour je-
ter le doute dans l'esprit du défendeur ; elle l'avertit qu'il
peut avoir à restituer la chose. C'est ainsi que, quelle
que soit sa bonne foi, à partir de la *litis contestatio*, il
contracte l'obligation de conserver soigneusement cette
chose ; le défendeur qui envoie en mer le navire reven-
diqué, est, pour prendre un exemple, responsable de sa
perte. Il suit de là que le juge a le droit d'ordonner la
restitution et le pouvoir de condamner le défendeur à
des paiements, à des prestations soit en raison du

commodum ex re acceptum soit du *damnum datum.*

Cujas et Voët, qui voient dans la *petitio hereditatis* une action mixte à raison des prestations personnelles auxquelles elle peut aboutir, devraient aussi reconnaître à la *reivindicatio* tous les caractères d'une *mixta personalis actio.*

La conclusion à tirer de toute cette discussion est qu'on a donné à ces expressions « *mixta personalis* » un sens beaucoup trop étendu.

Quelle est au juste leur signification réelle ?

M. de Savigny (tome V, paragraphe 209) a donné son opinion à cet égard. Pour lui, la *petitio hereditatis* serait dite « *mixta personalis* » parce que la personnalité du défendeur s'y trouve plus déterminée que dans les autres actions *in rem.* La *petitio hereditatis* ne peut être intentée qu'à l'encontre du possesseur *pro herede* ou *pro possessore.* Or, ce qui donnerait à cette action, pour M. de Savigny, son caractère de personnalité, c'est que le défendeur peut être forcé de dire à quel titre il possède. Cette explication n'est pas satisfaisante. Qu'importe, au point de vue de la nature d'une action, qu'on puisse déterminer plus ou moins strictement quel sera le défendeur à l'action. C'est à l'*intentio* seule, et non à la *condemnatio,* qu'il faut se référer pour juger la nature d'une action. Or ici c'est dans la *condemnatio* que le défendeur est nommé, c'est-à-dire que la physionomie de la formule de la *petitio hereditatis* est exactement celle d'une action réelle.

A notre avis il ne faut point songer à donner une expli cation théorique à l'expression employée par Dioclétien. Cet empereur, en admettant qu'il ait libellé sa constitution dans les termes reproduits par Tribonien (ce qui peut être mis en doute), a usé d'une terminologie inexacte. Cette inexactitude s'explique très facilement de la part de Dioclétien qui écrit à une époque de transaction, à un moment où on se préoccupe bien moins, pour caractériser une action, de la détermination du défendeur que la nature même du droit qui est mis en cause. Cela nous paraît plus vraisemblable que d'admettre que Dioclétien ait voulu opérer dans ce texte si anodin en apparence, un changement aussi profond dans la nature de la *petitio hereditatis*. Les Empereurs s'expriment d'une tout autre façon quand ils veulent créer une innovation. Dioclétien n'a eu pour but que de justifier dans ce texte un emprunt que fait la *petitio hereditatis* aux actions personnelles, au point de vue de la durée. Comme le titre d'héritier est un titre indélébile « *Semel heres, semper heres* », à la différence de ce qui existe pour les autres actions réelles, la pétition d'hérédité dure perpétuellement sans qu'aucune *præscriptio longi temporis* lui soit opposable. En cela la *petitio hereditatis* offrait le même caractère que les actions personnelles ; car, à l'époque de Dioclétien, la *præscriptio longi temporis* n'était une fin de non-recevoir que pour les actions réelles. Théodose-le-Grand fut le premier qui introduisit la présomption libératoire de 30 ans dans les actions personnelles.

Le demandeur en pétition d'hérédité poursuit indirectement non seulement des restitutions, mais encore des paiements et des prestations, comme il le pourrait faire par des actions personnelles où la restitution ne s'opérerait que *singulariter*. Si l'action en pétition d'hérédité est bien au début de l'instance une action *in rem*, il n'en est pas moins vrai qu'en somme elle met le demandeur dans la même situation que s'il avait agi par une série d'actions spéciales, ayant les unes un caractère réel, les autres un caractère personnel. C'est en ce sens que Dioclétien qualifie la *petitio hereditatis* d'action « *mixta personalis* ».

Un système intermédiaire a été proposé par M. Serésia (1). D'après lui la *petitio hereditatis*, action réelle jusqu'au règne d'Hadrien, serait devenue mixte à partir de cette époque. A l'origine l'usucapion *pro herede* faisait acquérir au *possessor* la propriété de l'hérédité dans des conditions exceptionnellement favorables. Peu à peu elle tomba en défaveur. On établit d'abord qu'au lieu de faire acquérir la qualité d'héritier, elle ne donnerait plus droit qu'aux *res singulares* détenues par le possesseur et non

(1) *De la pétition d'hérédité en droit moderne*, par Alfred Serésia, Bruxelles, 1873.

appréhendées par l'héritier. Ce premier coup porté à l'usucapion *pro herede,* survint le sénatus-consulte Jouventien qui lui fut encore plus funeste. Il décidait que tout possesseur d'une hérédité serait tenu au moins *quatenus locupletior factus esset.* Or, pour M. Serésia, le but de ce sénatus-consulte consiste à empêcher, par la création d'une obligation personnelle mise à la charge de l'usurpateur, les résultats de la *petitio hereditatis,* quand elle était purement réelle. Ces résultats sont maintenant écartés par suite de l'obligation imposée au possesseur de restituer tout ce dont il s'est enrichi. Dorénavant l'usucapion *pro herede* disparaît ; car, si les objets héréditaires ne peuvent plus être réclamés comme choses héréditaires, ils peuvent être répétés comme enrichissement procuré par cette hérédité. C'est ainsi qu'à dater du sénatus-consulte Jouventien, la *petitio hereditatis* pourra être intentée contre l'ancien possesseur si les objets héréditaires ont passé de ses mains entre celles d'un tiers, moyennant un prix dont le vendeur se trouve être enrichi. M. Serésia voit là l'effet d'une obligation personnelle créée par le sénatus-consulte Jouventien, et c'est pour lui à dater de ce sénatus-consulte qu'a lieu la transformation de la *petitio hereditatis* en action mixte.

Le système de M. Serésia ne nous paraît pas admissible. Il nous semble d'abord impossible qu'à l'époque d'Hadrien, en plein système formulaire, la *petitio hereditatis* soit devenue une action mixte par cette raison que la formule répugne à une *intentio tam in rem quam in personam*. En outre M. Serésia s'exagère singulièrement la portée du sénatus-consulte Jouventien. Ce sénatus-consulte n'a eu pour but que de trancher des controverses sur certaines hypothèses dans lesquelles on avait trop complètement mis sur la même ligne le possesseur de mauvaise foi et le possesseur de bonne foi. L'effet du sénatus-consulte Jouventien a simplement été de restreindre dans la mesure de son enrichissement la restitution exigible au possesseur de bonne foi. Le sénatus-consulte, en un mot, a diminué la portée de la *petitio hereditatis*, mais il n'en a pas changé la nature.

V. La *petitio hereditatis* considérée au point de vue de la division des actions en actions arbitraires et non arbitraires et en actions de droit strict et de bonne foi. — Que la *petitio hereditatis* soit une action arbitraire, c'est ce que personne ne met en doute. Le juge, avant de condamner le défendeur, devra d'abord lui ordonner de satisfaire le demandeur dans un certain délai. Ce n'est qu'autant que le défendeur refusera d'obéir ou cherchera à éluder le *jussus judicis* que celui-ci devra le condamner.

La *condemnatio* est subordonnée à la condition « *nisi restituat* ».

Quant à savoir si la *petitio hereditatis* est une action de droit strict ou de bonne foi, la question est plus délicate. Sans entrer dans la description des caractères

propres à chacune de ces catégories d'actions, il est bon
d'en rappeler les traits généraux.

Dans l'action de droit strict le défendeur condamné
paie strictement la somme fixée dans l'*intentio*. Le juge
doit se montrer rigoriste dans l'interprétation des conventions. Cette rigueur est telle que la stipulation « *do-
lum abesse ac futurum vi* » n'était pas considérée comme
garantissant le *dolus præteritus*.

Dans l'action de bonne foi au contraire, le juge peut
s'inspirer des principes de l'équité. Il peut aller jusqu'à
tenir compte dans sa sentence des réclamations du défendeur chaque fois que ses contre-prétentions offrent
avec la demande une connexité suffisante.

Le juge qui, dans les actions de droit strict est, à proprement parler, le judex, prend en général le nom d'*arbiter* dans les actions de bonne foi, et l'action elle-même
celui d'*arbitrium*. En dehors des conventions formellement exprimées, l'*arbiter* tient encore compte des choses *quæ sunt moris et consuetudinis*. (Loi 32, § 2, Digeste,
livre XXII, titre I. Loi 24, Digeste, livre XVI, titre III).

Il y avait certaines exceptions qu'il n'était pas même
nécessaire d'insérer dans la formule de l'action de bonne
foi pour pouvoir les invoquer ; telles sont les exceptions
de dol, *pacti conventi*, toutes les exceptions tendant à
établir la mauvaise foi. La même latitude n'était point
tolérée dans les actions de droit strict.

Dans les actions de bonne foi, l'*arbiter* peut accorder

au demandeur des choses qui ne sont pas comprises dans l'obligation qui sert de base à l'action ; par exemple des fruits, des intérêts. On alla même jusqu'à décider que dans les actions de bonne foi les fruits et les intérêts seraient dus *ex morâ* (Loi 32, Digeste, livre XXII, titre I). Dans les actions de droit strict on ne peut pas réclamer ces accessoires.

En outre la compensation était un des éléments que l'*arbiter* pouvait prendre lui-même en considération dans les actions de bonne foi. Il y avait en effet dol de la part du poursuivant qui réclamait ce qu'il était tenu de rendre pour le tout ou pour partie. L'action de droit strict ne supportait pas la compensation à l'origine. Ce n'est que sous Marc-Aurèle qu'on en tint compte, et encore fallait-il pour cela l'insertion d'une exception de dol dans la formule.

Ces principes sommairement rappelés, revenons à la question qui nous préoccupe : celle de savoir si la *petitio hereditatis* est une action de bonne foi ou de droit strict.

Justinien la fait figurer dans le tableau des actions de bonne foi. « *Quamvis enim usque ad huc incertum erat, sive inter bonæ fidei judicia commemoranda sit hereditatis petitio, sive non, nostra tamen constitutio aperte, eam esse bonæ fidei disposuit.* Institutes, § 28, livre IV, titre VI ». Dans la Constitution XII, § 3, au Code, livre III, titre 31, il lui attribue le même caractère. Dans ces deux textes

Justinien nous dit que sa décision tranche une ancienne controverse; or nous ne trouvons dans les auteurs aucune trace de cette controverse. Bien plus, nous ne pouvons comprendre comment une discussion a pu s'élever à ce sujet. En effet, dans les différentes énumérations des actions de bonne foi qui se rencontrent dans les textes, aucune allusion n'est faite à la *petitio hereditatis*, et la raison en est que la division des actions en actions de bonne foi et en actions de droit strict est une division des actions personnelles ; or la *petitio hereditatis* est une action réelle, donc elle se trouve en dehors de cette classification. La loi 5, princip. Digeste, livre XII, titre III, nous dit en effet « *In actionibus in rem et ad exhibendum et in bonæ fidei judiciis in litem juratur* ». « On défère le serment dans les actions *in rem*, *ad exhibendum* et aussi dans les actions de bonne foi ». C'est donc que les actions *in rem* ne sont pas de bonne foi puisqu'on les oppose à ces procédures. Elles ne sont pas non plus *stricti juris*, car, dans le paragraphe 4 du même texte, le jurisconsulte ajoute « *Interdum et in actione stricti judicii in litem juratur* ». Il résulte de là que si on ne défère le serment que rarement dans les actions de droit strict, c'est qu'il faut les séparer des actions *in rem* dans lesquelles le *jusjurandum* est toujours admis.

Comment donc Justinien a-t-il pu édicter les textes que nous avons cités ? Voici ce qui s'est passé :

Nous avons vu que la *petitio hereditatis* est une action

arbitraire. Or, dans les actions arbitraires, les pouvoirs du juge sont assez étendus pour pouvoir apprécier *ex æquo et bono* le *quantum* de satisfaction à accorder au demandeur, de telle sorte qu'il est inutile d'insérer la formule *ex fide bona* pour permettre au juge de tenir compte des exceptions qu'il serait nécessaire d'insérer expressément dans une action de droit strict. Des difficultés avaient cependant surgi au sujet de l'exception de dol. Il résulte de plusieurs textes, notamment de la loi 48 au Digeste, Livre VI, titre I, que l'exception de dol devait être insérée dans la formule de l'action en revendication : « *Sumptus in prædium, quod alienum esse apparuit, a bonæ fidei possessore facti, neque ab eo, qui prædium donavit, neque a domino peti possunt ; verum exceptione doli oppositâ, per officium judicis, æquitatis ratione servantur : scilicet si fructuum ante litem contestatam perceptorum summam excedant : etenim admissâ compensatione superfluum sumptum, meliore prædio facto, dominus restituere agitur* ». C'est-à-dire qu'on ne peut intenter d'action contre le donateur qui ne doit aucune garantie ni pour l'éviction, ni pour les dépenses, à moins qu'il n'y ait dol de sa part. Il n'y a point non plus d'action contre le propriétaire, car c'est pour lui-même qu'il a entendu travailler.

Le principe d'insérer l'exception de dol dans la *reivindicatio* une fois admis, on se demanda s'il ne fallait pas faire la même insertion dans la *petitio hereditatis*. Papinien et Gaius (Loi 50, § 1, Digeste, livre V, titre III et loi 39, § 1, Digeste, livre V, titre III) répondent affirmativement. Ils exigent, pour autoriser le juge à prendre en considération les dépenses du possesseur que l'*exceptio doli* ait été formellement ajoutée à la formule. Tout au contraire Scævola (Loi 58, Digeste, livre V, titre III), Javolenus (Loi 44, Digeste, livre V, titre III), Paul (Loi 38, Digeste, livre V, titre III) pensent que l'*exceptio doli* doit être considérée comme virtuellement comprise dans l'*officium judicis*.

Après cet exposé, il nous est facile de saisir l'erreur commise par Justinien. En décidant que la *petitio hereditatis* était une action de bonne foi, il a cru simplement adopter l'opinion qu'il croyait émise par Scævola dans les trois textes que nous venons de citer, sur la *petitio hereditatis*, alors que ce jurisconsulte visait simplement à établir sur un point secondaire une analogie entre les actions de bonne foi et la *petitio hereditatis*. Mais, la question de l'insertion de l'exception de dol écartée, les règles qui régissaient la *petitio hereditatis* étaient pour Scævola exactement les mêmes que celles qui régissaient les actions *in rem*. D'ailleurs, si Justinien a eu le tort de classer la *petitio hereditatis* parmi les actions de bonne foi, il faut reconnaître que Scævola, Paul, Javolenus avaient eu raison de traiter la *petitio hereditatis* autrement que l'action en revendication au point de vue de l'exception de dol. En effet, la nécessité

de l'insertion de l'exception de dol dans la revendication résulte de la nature même de cette action. Le juge
doit ici rechercher si un objet déterminé appartient au
demandeur et le lui faire restituer au cas affirmatif. Le
pouvoir de faire tenir compte au défendeur des dépenses faites n'appartient au *judex* que si l'exception a été
insérée. La nature de la *petitio hereditatis* est au contraire d'un tout autre caractère. Si à son point de dé-
part elle constitue une *actio in rem*, ayant un but défini,
pour ce qui est du résultat, de la restitution elle se trans-
forme en une action multiple, embrassant un ensemble
de choses corporelles et incorporelles, un ensemble de
valeurs transformables où le prix remplace la chose
vendue, où, pour savoir ce qui est à restituer, l'on doit
examiner tous les actes par lesquels le défendeur a pu
soit enrichir, soit appauvrir l'hérédité. Le compte des
dépenses utiles doit entrer dans cette appréciation, car
il est indispensable de donner une grande étendue au
pouvoir du juge pour qu'il puisse combiner de façon
équitable les rapports complexes à l'égard desquels il
doit statuer. Il n'y a donc qu'une analogie éloignée entre la *petitio hereditatis* et l'action de bonne foi. Le trait
caractéristique de l'action de bonne foi consiste dans
l'appréciation *ex æquo et bono* d'un rapport obligatoire ;
or l'examen de la *petitio hereditatis* ne comporte pas
cette latitude d'appréciation.

M. de Savigny (tome V, chapitre IX), tout en reconnaissant impropre la qualification d'action *bonæ fidei* donnée par Justinien à la *petitio hereditatis*, a tâché de justifier l'erreur de cet empereur. Et pour cela il cherche à établir que toute action *in rem* a une nature aussi libre que l'action de bonne foi. D'abord, dit-il, dans la *petitio hereditatis*, la sentence est susceptible d'une extension analogue à celle que l'on accorde à la sentence rendue dans une véritable action de bonne foi.

Nous venons de voir dans quelle mesure relative cette observation de M. de Savigny est juste. L'extension des pouvoirs du juge dans la *petitio hereditatis* s'explique mieux par le caractère universel de cette action que par l'idée d'un pouvoir accordé au juge de statuer *ex æquo et bono*.

M. de Savigny ajoute que dans la *petitio hereditatis* le *judex* doit repousser la demande si le défendeur ne possède pas, bien que cela, prétend-il, ne soit pas dit expressément dans la formule. Nous répondrons à M. de Savigny que c'est là une erreur. Mention de la possession du défendeur est faite dans la formule. La *petitio hereditatis* est une action *in rem* arbitraire ; la *condemnatio* est subordonnée à la condition « *nisi restituat* ». Or, pour restituer, il faut posséder.

Ajoutons encore un mot sur la nature de la *petitio hereditatis*. L'*intentio* d'une *vindicatio rei certæ* renferme strictement tous les éléments de la *condemnatio*. Les principes restant les mêmes que pour la *reivindicatio*, l'effet est cependant tout autre à raison de la nature de l'objet dans la *petitio hereditatis*. Le demandeur prétend dans la *petitio hereditatis* qu'il a droit à la succession *in universum jus* du défunt et cette succession est envisagée comme une chose incorporelle, distincte des objets corporels qu'elle comprend. Le *judex* devait condamner le défendeur à restituer les choses acquises à une époque postérieure à la rédaction de la formule, alors même qu'au moment de la rédaction le possesseur ne posséderait aucune des choses héréditaires.

Le caractère d'universalité de la *petitio hereditatis* résulte nettement des textes : Loi 18, § 1 et 2, Digeste, livre V, titre III. — Loi 19, *Princip.*, Digeste, livre V, titre III et loi 1, § 1, Digeste, livre V, titre IV.

De ce que la possession du défendeur n'a qu'un effet secondaire, il résulte que, dans cette action, si le demandeur encourt la plus *petitio*, ce n'est que pour avoir réclamé plus que ce à quoi il a droit, et non pour avoir réclamé du défendeur plus que celui-ci ne possède. En effet, en intentant la *petitio hereditatis*, on prétend bien avoir un droit exclusif sur l'hérédité, mais on ne prétend point que le défendeur est possesseur de toute l'hérédité.

CHAPITRE III

CONDITIONS D'EXERCICE DE LA PÉTITION D'HÉRÉDITÉ.

Conditions requises dans la personne du demandeur.

Pour pouvoir intenter la *petitio hereditatis*, le demandeur doit remplir deux conditions : 1° Il doit être héritier ;

2° S'il est héritier *ab intestat* il faut qu'il n'ait renoncé ni expressément ni tacitement à attaquer le testament.

1re Condition. — A. *Le demandeur en pétition d'hérédité doit être héritier*. — Il faut être héritier, c'est-à-dire avoir droit à l'universalité juridique des biens héréditaires. Il faut être héritier et héritier du Droit civil, c'est-à-dire tirer sa vocation à l'hérédité de l'un des modes reconnus par ce droit. Il faut aussi être héritier au moment de la *litis contestatio*. Si le demandeur ne devient *heres* que *post judicium acceptum*, il sera débouté de la demande ; mais, comme il n'a pu déduire en justice un droit qu'il n'avait pas encore, il pourra, s'il devient plus tard héritier, agir à nouveau sans qu'on puisse lui opposer l'exception *rei judicatæ* (Loi 11, § 4, Digeste, livre XLIV, titre II). C'est une question que de savoir à quel moment le *judicium* est *acceptum*. Sous les *legis actiones*, c'est à l'instant où, à la fin de la procédure devant le magistrat, on appelle des témoins qui viendront affirmer devant le *judex* en quels termes le débat a été posé devant le magistrat. Sous le système formulaire, c'est également à la fin de l'instance *in jure* au moment où la formule est acceptée des deux parties. Enfin, sous le système de procédure extraordinaire, quand les parties ont terminé l'exposé de l'affaire devant le magistrat.

Il ne suffit pas au demandeur d'être héritier au moment de la *litis contestatio*, il faut encore qu'il le reste jusqu'à la sentence, à moins que l'usucapion ne se soit réalisée au cours de l'instance. L'usucapant sera alors forcé de restituer les objets par lui usucapés par suite de l'effet de la *cautio judicatum solvi* qu'il aura fournie.

L'usucapion *pro herede* se réalise, mais, grâce à cette caution, il y a restitution. Nous savons qu'à partir d'Hadrien, cette usucapion *pro herede* est inefficace contre l'héritier.

Si le demandeur est héritier sous une condition, il ne pourra jamais obtenir une condamnation ; il n'aboutira qu'à obliger le défendeur débiteur conditionnel à fournir une caution pour garantir le paiement ultérieurement et éventuellement exigible (Loi 16, pr. Digeste, livre V, titre III).

Étant donné qu'il faut être héritier pour pouvoir exercer la pétition d'hérédité, examinons les diverses espèces d'héritiers.

1° *De l'héritier du droit civil.* On peut être héritier *vetere jure* et *novo jure.*

§ 1. — Héritiers vetere jure.

Les héritiers *vetere jure* sont d'abord les héritiers testamentaires, soit qu'ils aient été institués directement
(*heres suo nomine*), soit qu'on ait institué une personne
en leur puissance (*heres per se*), soit qu'on ait succédé
à une personne dans l'hérédité de laquelle il s'est trouvé
un droit à l'hérédité dont il s'agit (*heres per alios*). Les
héritiers *vetere jure* comprennent encore les héritiers *ab
intestat* ; on est tel dans l'ordre des héritiers siens, dans
l'ordre des agnats, dans celui des gentiles, comme patron ou comme fils de patron. Ou encore c'est un acquéreur par *in jure cessio* d'une hérédité aliénée avant l'adition par un successible *ab intestat* comme le vendeur
lui-même (Gaius, *Commentaires,* II, § 34 et 35). Dans
l'ancien droit les effets de la *cessio in jure* de l'hérédité
variaient suivant qu'elle était faite par un héritier légitime, *ab intestat* ou par un héritier externe institué par
testament et suivant que la cession d'hérédité était faite
avant ou après l'adition.

Examinons rapidement les différentes hypothèses qui
pouvaient se présenter.

La *cessio in jure* de l'hérédité faite par un héritier légitime *ab intestat* avant l'adition, par un agnat par exemple, a pour résultat de faire acquérir l'hérédité à l'ac-

quéreur de la même manière que si l'hérédité s'était directement ouverte à son profit. Ne pensons pas en effet que l'héritier légitime *ab intestat* n'étant définitivement investi de la succession qu'après l'avoir acceptée, cède, en agissant ainsi, une chose qu'il n'a pas encore. La faculté de céder l'hérédité, avant d'avoir fait adition, provient du caractère de la *cessio in jure* qui constitue un procès fictif à la suite duquel le magistrat, par une *addictio*, déclare que l'hérédité appartient au cessionnaire. Par conséquent, il y a chose jugée à l'égard du cédant et dès lors les débiteurs du défunt ne peuvent se refuser de payer entre les mains de l'acquéreur qui se présente à eux avec un jugement le déclarant héritier. A l'inverse le cessionnaire pourra être poursuivi par les créanciers du défunt puisqu'il est considéré comme l'héritier (Gaius, *Commentaires*, II, § 35).

Autre hypothèse : la *cessio in jure* peut être faite par un héritier légitime après l'adition d'hérédité. En ce cas, le cédant reste lui-même héritier et il continue d'être tenu envers les créanciers du défunt. En effet, en faisant adition d'hérédité, cet héritier *ab intestat* est devenu *heres* ; il est devenu le continuateur de la personne du défunt ; il s'est obligé dès lors à payer ses dettes. Or il ne dépend plus de lui de se soustraire par sa seule volonté, en cédant l'hérédité, aux obligations qu'il a contractées en faisant adition : *semel heres, semper heres.*

Quant aux créances du défunt, elles périssent ; les

débiteurs sont libérés. Ni l'héritier qui a cédé *in jure* l'hérédité ni celui à qui elle a été cédée ne pourront poursuivre les débiteurs du défunt. Il en est ainsi parce que, d'une part, l'héritier, en faisant la *cessio in jure* de l'hérédité, a renoncé à sa qualité d'héritier et ne remplit plus par conséquent les conditions nécessaires pour poursuivre les débiteurs du défunt, et que, d'autre part, le cessionnaire de l'hérédité qui voudra faire rentrer les créances héréditaires se verra opposer par les débiteurs du défunt qu'il ne suffit pas d'affirmer en justice qu'on est créancier d'une personne pour le devenir (Gaius, *Commentaires*, II, § 35).

Une troisième hypothèse peut se présenter. La *cessio in jure* peut être faite non plus par un héritier légitime, un héritier *ab intestat*, mais par un héritier testamentaire, et cela avant l'adition d'hérédité. Cette *cessio* sera un acte nul, car avant l'adition d'hérédité, l'héritier testamentaire n'a aucun droit (Gaius, *Commentaires*, II, § 36).

Enfin quatrième et dernière hypothèse : le cédant est, comme au cas précédent, un héritier externe institué, mais la cession est faite après l'adition d'hérédité. L'effet sera le même que celui de la *cessio* faite par l'héritier légitime *ab intestat* après l'adition. L'héritier restera donc héritier et par suite tenu envers les créanciers du défunt. Quant aux créances héréditaires, elles périssent ; les débiteurs du défunt sont libérés. Les objets corporels de l'hérédité appartiendront bien au cessionnaire, mais ils lui appartiendront comme si chacun d'eux avait été cédé individuellement.

§ 2. — Héritiers novo jure.

Passons maintenant aux héritiers *novo jure*. La loi 3 au Digeste, livre V, titre III, nous dit à ce sujet : « *Novo jure fiunt heredes omnes qui ex senatusconsultis aut ex constitutionibus ad hereditatem vocantur* ». Les sénatus-consultes dont il est ici question sont le sénatus-consulte Tertullien qui appela la mère à la succession de ses enfants, et le sénatus-consulte Orphitien qui, complétant le précédent, appela les enfants à la succession de leur mère. Quant à savoir quelles sont les constitutions impériales auxquelles le texte précité fait allusion, nombreuses sont les divergences sur ce point. Les glossateurs pensaient qu'il s'agissait ici de la constitution par laquelle Antonin-le-Pieux créa la Quarte antonine. Cette façon de penser ne saurait être juste, car Ulpien appelle cette action une action personnelle ; elle ne peut donc être confondue avec la *petitio hereditatis* qui est réelle. En outre la loi 2, § 1, Digeste, livre X, titre II, nous dit que si la quarte est déférée à un adrogé en vertu de la Constitution d'Antonin-le-Pieux, il sera utile d'employer l'action *familiæ erciscundæ*, parce que, dit le texte, l'intéressé n'est ni héritier, ni *bonorum possessor*. Cujas voit dans la loi 3 une allusion à la Constitution de Marc-Au-

rèle par laquelle l'*addictus libertatum servandarum causâ*
devenait un successeur universel. Avant Marc-Aurèle,
quand la succession est répudiée tant par l'institué que
par l'héritier *ab intestat*, le refus de l'institué fait tomber
les affranchissements et les créanciers à la succession
n'ont d'autre ressource que la vente des biens qui la composent. Marc-Aurèle autorisa un des esclaves affranchis
par testament à demander que la succession délaissée
lui fut attribuée à charge par lui de désintéresser les
créanciers, ce qui évitait à ces derniers la nécessité souvent désastreuse de la *bonorum venditio* des biens du défunt et ce qui évitait aussi à la mémoire du défunt la note
d'infamie. La condition de cette *addictio* était que tous les
affranchissements seraient maintenus. Or, pour Cujas,
la loi 3 ferait allusion à cette création de Marc-Aurèle.
Cette opinion ne nous semble pas mieux fondée que celle
des glossateurs. Nulle part nous ne trouvons que ce successeur, cet *addictus* ait une action universelle, et de plus,
si cette action existait, elle serait utile et non directe
comme la *petitio hereditatis*. La loi 4, § 21, au Digeste,
livre XL, titre V, assimile en effet l'*addictus* au *bonorum
possessor* qui n'a qu'une action utile. Aussi Cujas a-t-il
été le premier à réformer son opinion et à proposer une
autre distinction qui a été généralement adoptée.

Dans son commentaire sur la loi 4 au Digeste, livre IV, titre I, il considère que la loi 3 qui nous occupe,
vise les constitutions de Trajan et d'Hadrien ; ces consti-

lutions permettaient aux militaires, puis aux vétérans, de disposer par testament de leur pécule *castrense*. L'héritier ainsi institué aura sur ce pécule la *petitio hereditatis*. Les rescrits impériaux le qualifient de « *heres* ». Cette seconde explication que nous donne Cujas a l'avantage de concorder merveilleusement avec la loi 2, § 2, au Digeste, livre X, titre II, dans laquelle Ulpien cite la succession déférée à l'héritier testamentaire du pécule *castrense* comme un cas d'hérédité établi par les constitutions impériales.

§ 3. — De la petitio hereditatis pro parte.

Nous venons donc d'étudier les diverses classes d'héritiers du droit civil. Avant de passer aux héritiers du droit prétorien et aux héritiers fidéicommissaires, il nous semble utile de placer ici une digression qui se rattache directement à la matière que nous venons d'étudier.

En recherchant jusqu'ici quelle personne pouvait être demanderesse à la *petitio hereditatis*, nous avons toujours supposé que les divers héritiers du droit civil se prétendaient héritiers pour le tout. Or on peut être *heres* sans prétendre à toute l'hérédité : la preuve en est qu'il y a des cohéritiers. Le demandeur qui se trouvera dans cette situation intentera la *petitio hereditatis pro parte*. La pétition d'hérédité partielle ne diffère de la pétition d'hérédité totale qu'en ce qu'elle est moins complexe. Le Digeste y consacre un titre spécial (livre V, titre IV : *si pars hereditatis petatur*). Cette *petitio hereditatis* n'est donnée qu'à celui qui a droit seulement à une fraction de l'hérédité (loi 1, § 1, Digeste, livre V, titre IV).

Malgré les termes du *principium* de ce titre, la *petitio hereditatis* partielle est une action civile. Ulpien, en employant ces mots « *prætor proposuit* », veut dire que le préteur l'avait indiquée sur son album et pas autre chose. En principe on applique à la pétition d'hérédité partielle les mêmes règles qu'à la pétition d'hérédité totale, mais dans l'application il existe quelques difficultés sur lesquelles il est intéressant de nous approfondir.

Il est de règle que la prétention du demandeur se mesure sur son droit lui-même : *ex suo jure*. Supposons deux demandeurs se prétendant cohéritiers en face de deux possesseurs. Chacun des demandeurs devra revendiquer contre chacun des possesseurs un quart de l'hérédité et ne pourra demander la moitié de l'hérédité à l'un des possesseurs. De même encore l'héritier pour moitié qui se prétendrait héritier pour le tout, alors même qu'il agirait contre un défendeur ne possédant que moitié de l'hérédité, commettrait une *plus petitio*. Le préteur chercha à éviter ce désavantage dans les hypothèses où la quotité du droit du demandeur était incertaine et où il y avait intérêt à prouver l'existence du droit héréditaire immédiatement. A cet effet il créa la « *Petitio hereditatis incertæ partis* ». La situation visée par le préteur est celle d'une personne se trouvant en concours avec des héritiers conçus mais non encore nés. Quelle peut être en ce cas la quotité du droit héréditaire qui lui est afférente ? Nul ne le sait. Le juge, dans ce cas, reconnaît bien l'existence du droit, mais la qualité de l'hérédité auquel le droit héréditaire permet de prétendre ne peut être déterminée qu'après l'accouchement, puisque c'est seulement alors que le nombre des cohéritiers sera connu. Pour remédier aux inconvénients résultant de l'incertitude dans laquelle l'héritier se trouvait entre le décès du *de cujus* et la naissance de ses cohéritiers conçus au moment du décès, les jurisconsultes romains considérèrent que le nombre maximum des enfants naissant d'une seule couche était de trois et décidèrent que, dans l'espèce, le demandeur obtiendrait provisoirement dès sa demande la possession du quart de l'hérédité. C'est ce que nous dit la Loi 1, § 5, au Digeste, Livre V, titre IV, et la loi 3 au même titre.

Un problème intéressant, dont la solution se trouve d'ailleurs dans les textes, attirera ici notre attention. Nous voulons parler de l'hypothèse où un héritier pour moitié se trouve en présence d'un cohéritier dont le droit héréditaire est de moitié aussi, mais qui possède la moitié de l'hérédité, et d'un *extraneus* possesseur de la seconde moitié. Quelle marche suivre dans ce cas ? Poursuivra-t-on l'*extraneus* ? Mais dans quelle mesure ? N'ayant droit qu'à la moitié de l'hérédité, le cohéritier ne pourra lui demander que la moitié de ce qu'il possède. Il obtiendra ainsi la possession du quart de l'hérédité, de la moitié de sa part. Pour se faire mettre en possession de l'autre moitié, il s'adressera à son cohéritier déjà nanti, et celui-ci ne pourra pas objecter qu'il ne possède que ce à quoi il a droit. C'est qu'en effet, en analysant les faits, il est facile de se rendre compte que le droit indivis de chaque cohéritier contrarie celui de l'autre sur chaque parcelle des objets possédés par l'un deux. Par suite, si celui qui ne possède pas demande à l'autre la moitié de ce que ce dernier possède, c'est parce qu'il a un droit pour moitié indivis sur les mêmes objets. Le second qui possède ne pourra opposer au premier qui l'actionne qu'il va le déposséder de sa part ; une pareille défense reposerait sur une erreur capitale, erreur consistant pour le défendeur à se croire cohéritier non pas avec le demandeur mais avec l'*extraneus*. Remarquons d'ailleurs que le cohéritier ainsi dépossédé du quart de l'hérédité n'aura qu'à actionner à son tour l'*extraneus* pour obtenir le second quart auquel il a droit. Telle est la rigueur des principes. Mais ici, comme en bien d'autres hypothèses, la pratique la fit fléchir. C'était inévitable. Une partie indivise est une part abstraite qui correspond à une autre part indivise ; qu'importe que la part d'un cohéritier se compose d'un quart à prendre sur un possesseur *extraneus* et d'un second quart sur les objets possédés par un cohéritier, que l'on attribue au titulaire du droit qui le revendique la totalité des biens possédés par l'*ex-*

traneus. D'autre part, l'*extraneus* en fin de compte ne retenant rien, ne peut invoquer aucun intérêt à se dessaisir de ce qu'il possède successivement par moitié entre les mains des deux cohéritiers plutôt que d'abandonner la totalité au même individu. Dans ces conditions la loi finit par se conformer à l'utilité pratique et l'héritier pour moitié fut autorisé à demander à l'*extraneus*, possesseur de la moitié de l'hérédité, la totalité de ce qu'il tenait. Le cohéritier, possesseur de la seconde moitié, n'eut plus alors à craindre aucun trouble. « *Si ego ex parte me dicam heredem, coheres autem meus possideret hereditatem cum extraneo, cùm non plus coheres haberet suâ parte, utrum a solo extraneo, a vero et a coherede deberem petere hereditatem, quæritur? et Pegasus fertur existimasse a solo extraneo me petere debere : eumque restiturum quidquid possidet : et fortasses hoc officio judicis debeat fieri : cæterum ratio facit, ut a duobus petam hereditatem, hoc est et a coherede meo ; et ille quoque dirigat actionem adversus exterum possessorem. Sed Pegasi sententia utilior est.* Loi 1, § 3. Digeste, livre V, titre IV. La loi 1, § 4 au même titre vise une hypothèse voisine de celle que nous venons de voir :

Je suis héritier pour moitié, Séius pour un quart et Titius pour un autre quart ; d'autre part, nous possédons l'hérédité chacun pour un tiers. Ayant droit à la moitié et ne possédant qu'un tiers, je puis, pour obtenir le sixième qui me manque, intenter la *petitio hereditatis*

contre mes cohéritiers qui contestent ma prétention et
soutiennent avoir droit à un tiers. En cette hypothèse, les
principes nous conduiront à agir de la façon suivante :
comme nous avons été institués, moi pour une moitié,
mes cohéritiers chacun pour un quart, je pourrai actionner chacun de mes cohéritiers pour la moitié de ce qu'il
possède, et en retour chacun d'eux recouvrera contre
moi le quart de ce que je possède. Chacun de nous aura
alors la part à laquelle il a droit. Pour éviter ce circuit
d'actions, en cette hypothèse, comme dans la précédente,
le juge saisi de la demande admettra la compensation des
prétentions réciproques des plaideurs jusqu'à due concurrence. Il fera restituer à l'héritier pour moitié, par
chacun des cohéritiers qui possède un tiers de la succession, un sixième de la succession que les principes
donnent au demandeur le droit de réclamer, moins un
douzième que ces mêmes principes autoriseraient le défendeur à demander reconventionnellement au demandeur pour se remplir de sa part De cette façon l'héritier
pour moitié touchera, en dernière analyse, un douzième
de la succession de chacun de ses cohéritiers, soit deux
douzièmes, ce qui, avec le tiers dont il est déjà possesseur forme le montant intégral de sa part.

§ 4. — Étude comparée de la pétition d'hérédité partielle et de l'action familiæ erciscundæ.

La *petitio hereditatis* doit être distinguée avec soin de

l'action *familiæ erciscundæ*. Ces deux actions se superposent en quelque sorte, mais la sphère qui leur est propre n'est pas la même. L'action *familiæ erciscundæ* a pour but d'arriver au partage des biens, c'est-à-dire de faire obtenir la propriété d'une quantité d'objets héréditaires dont la valeur par rapport à l'ensemble des biens héréditaires soit égale à la fraction du droit indivis dont la reconnaissance a fait l'objet de la pétition d'hérédité partielle. La pétition d'hérédité partielle suppose méconnu le droit du demandeur à l'hérédité; elle suppose ce droit contesté; au contraire l'action *familiæ erciscundæ* le suppose reconnu. La pétition d'hérédité est une action réelle; l'action *familiæ erciscundæ* quoique qualifiée mixte par les Instituts, est une action personnelle. En principe le demandeur qui voudrait employer l'action *familiæ erciscundæ* au lieu de la *petitio hereditatis* se verrait repoussé par une exception : *ne præjudicium hereditati fiat* (Loi 1, § 1, Digeste. Livre X, titre II). Ce texte nous prouve qu'à la différence de la *petitio hereditatis* partielle, l'action *familiæ erciscundæ* ne peut être intentée que par celui dont le droit héréditaire est reconnu. Remarquons qu'il n'en est ainsi qu'autant que la *petitio hereditatis* est possible ; or, pour qu'elle soit possible, il faut que le défendeur possède et que le demandeur au contraire n'ait pas la possession. Mais si, comme le suppose la fin du paragraphe du Digeste que nous venons de citer, celui qui intente l'action *familiæ erciscundæ* possède déjà, de telle sorte qu'une présomption sérieuse milite en sa faveur, sa demande ne peut plus être repoussée par le « *præjudicium hereditati non fiat* ». Et si le défendeur conteste sa qualité d'héritier, le juge trouvera dans son *officium* un pouvoir suffisant pour résoudre la question du droit à l'hérédité. En pareil cas il statuera tout à la fois sur le droit réel d'hérédité, c'est-à-dire sur la propriété résultant de l'hérédité, et sur le droit né de l'état d'indivision en vertu duquel le demandeur peut contraindre le défendeur à opérer le partage.

Nous allons dire quelques mots sur la *mutua petitio*. La loi 15 au Digeste, livre XLIV, titre II, nous la définit en nous décrivant les caractères de l'hypothèse où elle se présente : deux personnes possèdent ensemble une hérédité. Par suite de cette possession divise l'une possède certains objets de l'hérédité, la seconde certains autres, chacune des deux du reste se prétendant seule héritière. Évidemment toutes deux sont fondées à intenter la *petitio hereditatis* l'une contre l'autre pour la part de l'hérédité que chacune d'elles ne possède pas. Chaque partie attaquée peut de même faire valoir sa prétention contraire à celle de l'autre en l'attaquant à son tour. Lorsque les deux parties agissent l'une contre l'autre en même temps, les deux actions ne sont pas jugées d'une manière indépendante ; on soumet les deux procès à un même juge qui les instruit en même temps et la décision afférente à l'une des deux instances ne peut être exé-

cutée avant que la seconde ne reçoive une solution. Il
n'en est autrement que si le prononcé du jugement indique clairement la négation du droit de l'adversaire condamné. En pareil cas, et il est facile de s'en rendre compte, l'action sur laquelle le juge avait à se prononcer n'é-
tait pas une *petitio hereditatis pro parte*, puisque chacun
des deux adversaires réclamait la totalité de l'hérédité.
Ce n'était pas non plus une action en partage, puisque
l'instance n'aboutissait pas à un partage en nature ;
c'était simplement la constatation du droit d'après lequel
le partage devait être fait. Sous le système de procédure
extraordinaire la *mutua petitio* devint une *petitio* recon-
ventionnelle (Constitution I au Code, livre V, titre XXI).
Justinien décide que la partie attaquée devra intenter sa
demande reconventionnellement dans le délai de vingt
jours devant le juge déjà saisi ; elle peut d'ailleurs pendant ce délai demander un autre juge si bon lui semble.
Les vingt jours passés, elle ne peut plus exercer une attaque simultanée et elle doit attendre le prononcé du premier jugement.

§ 5. — Etude comparée de la petitio hereditatis et de la querela inofficiosi testamenti.

La *querela inofficiosi testamenti* est l'action par laquelle
un successible, régulièrement omis ou exhérédé, écarte
l'obstacle qui s'oppose à son droit à l'hérédité *ab intestat*.
Elle appartient au descendant régulièrement omis ou

exhérédé par un ascendant, à l'ascendant omis par un descendant, enfin au frère ou à la sœur quand l'héritier est une personne « *turpis* ».

Pour que l'on puisse intenter cette action il faut que le testateur n'ait pas eu de justes motifs pour priver le successible de son hérédité. L'exercice d'un tel moyen de procédure qui, en fin de compte, aboutit à écarter un héritier régulièrement institué, nécessite de recourir à de véritables subterfuges. On suppose en effet que c'est dans un moment de démence que le testateur a écrit son testament. C'est ce qui explique, en admettant, conformément à l'opinion que nous allons développer un peu plus loin, que la *querela inofficiosi testamenti*, n'est qu'une forme de la *petitio hereditatis*, c'est ce qui explique, disons-nous, les éléments particuliers qui, en pareil cas, se trouvent dans la *petitio hereditatis* et lui donnent un caractère anormal.

Qu'est-ce donc que la *querela inofficiosi testamenti*? Doit-on la considérer comme une des formes spéciales de la *petitio hereditatis* ou n'est-elle, par rapport à cette dernière, qu'une action en préparation, telle que l'action *ad exhibendum* pour l'action en revendication? C'est là une question longuement débattue entre les anciens commentateurs du droit romain.

Accurse considérait la *querela inofficiosi testamenti* comme une action *sui generis*, préparatoire à la *petitio hereditatis* et d'une nature autre que cette dernière. Et voici les raisons qu'il alléguait :

La *petitio hereditatis* est donnée par le droit civil à celui qui est héritier *ab intestat* ou *heres a testamento*. La droit prétorien l'accorde aussi au *bonorum possessor*. Mais, dans tous les cas, il est une condition essentielle pour qu'on puisse l'obtenir : c'est d'être héritier. Or, cette qualité d'héritier, le *querelans* ne l'a pas ; il n'est pas héritier *jure civili* et il n'est pas davantage successeur *jure prætorio*. La *querela inofficiosi testamenti* n'est donc pas la *petitio hereditatis*. Ce n'est pas seulement au point de vue des personnes auxquelles elle compète que la *querela* se distingue de la pétition d'hérédité ; c'est aussi à l'égard des personnes contre lesquelles elle est donnée. La pétition d'hérédité est en effet accordée contre les possesseurs *pro herede* ou *pro possessore* qui n'ont en réalité aucun droit à la succession. La *querela* est au contraire donnée contre l'institué, contre le véritable héritier. Une troisième différence entre la *querela inofficiosi testamenti* et la *petitio hereditatis* provient de ce fait que le père peut, au nom de son fils, intenter malgré ce fils la *petitio hereditatis* en ce qui concerne la succession de son aïeul maternel, tandis qu'il ne pourrait pas intenter dans les mêmes conditions la *querela inofficiosi testamenti*, lorsque cet aïeul maternel a omis son fils. Enfin Accurse tire argument du silence des Institutes

qui ne mentionnent pas la *querela* comme une cause
d'ouverture de l'hérédité *ab intestat*.

Malgré l'autorité qui s'attache au nom d'Accurse nous
ne saurions admettre ce système et nous pensons que
la *querela inofficiosi testamenti* est une véritable *petitio
hereditatis*.

Et d'abord l'argumentation d'Accurse sur les personnes à qui appartiennent et contre qui sont délivrées la
petitio hereditatis et la *querela inofficiosi testamenti* tombe
d'elle-même si l'on remarque que le célèbre romaniste,
malgré le caractère saisissant qu'il a su donner à sa façon de présenter les choses, n'a fait en réalité qu'une
véritable pétition de principes. Et en effet, si la *querela*
est dirigée contre l'héritier du droit civil ou le *bonorum
possessor*, c'est que ceux-ci ne tiennent justement leur
qualité d'héritier que d'un testament dont le *querelans*
conteste la validité. Or celui-là n'est pas un véritable
héritier qui fonde cette qualité sur un testament inoffi-
cieux. En effet le *querelans*, pas plus que le demandeur
en pétition d'hérédité, ne reconnaît comme valable le
titre de son adversaire, et, par cela seul qu'il espère
triompher, on doit le considérer comme revendiquant
l'hérédité *ab intestat*. Il est bien héritier *ab intestat* si le
testament qui le frustre doit être considéré comme non
avenu et le possesseur n'est plus un *heres*, c'est quelqu'un qui se croit à tort héritier, qui possède *pro herede*.
Quant à la preuve qu'Accurse prétend tirer de ce fait que

la *querela inofficiosi testamenti* présente certaines diffé-
rences avec la *petitio hereditatis*, nous ferons observer
que nous ne prétendons point que la *querela* ne subisse
quelques règles spéciales ; mais, de ce que sa physionomie offre quelques particularités, il n'y a pas à conclure
que sa nature ne soit la même que celle de la *petitio hereditatis.* C'est qu'en effet le *querelans* poursuit deux buts :
la revendication de la succession *ab intestat*, et la réparation publique de l'affront qui lui est fait par le testament. Or, dans l'hypothèse visée par Accurse, hypothèse
dans laquelle il s'agit d'un fils omis consentant à pardonner l'affront, le père ne peut agir contre sa volonté ;
c'est le fils au contraire qui pourrait agir malgré le père.
« *Filius non impeditur, quominus inofficiosum testamen-
tum matris accusaret, si pater ejus legatum ex testamento
matris accipiet, vel adisset hereditatem, quanquam in ejus
esset potestate : nec prohiberi patrem dixi jure filii accu-
sari : nam indignatio filii est.* — Loi 22, *principium* au
Digeste, livre V, titre II ». Papinien tient le même langage dans la loi 8, § 7, au même titre. — Quant au
dernier argument d'Accurse tiré de ce que les Institutes
ne mentionnent pas la *querela inofficiosi testamenti*
parmi les causes d'ouverture de la succession *ab intestat*,
il doit tomber devant les principes exposés dans de nombreux textes du Digeste et du Code, textes formels sur
ce point (Loi 20 *in fine* au Digeste, livre XXXVII, titre IV.

Constitution 3 au Code, livre III, titre XXXI. Constitution 34 au Code, livre III, titre XXVIII).

A une époque récente Windscheid, romaniste distingué, a proposé un système mixte ; il reconnaît que la *querela inofficiosi testamenti* n'est pas une action préparatoire à la *petitio hereditatis*, mais il soutient d'autre part qu'elle n'est pas non plus une simple variété de cette dernière. Ce serait selon lui une action *sui generis* ayant pour but d'affirmer le testament et se prêtant, à cause de cela, à jonction avec la *petitio hereditatis*, sans toutefois se confondre avec elle. Elle pourrait être intentée aussi bien contre un héritier institué qui ne posséderait pas que contre un légataire particulier. Ce qui d'après lui démontre que la *querela* n'est pas une simple variété de la *petitio hereditatis*, c'est qu'un titre spécial lui est consacré dans les textes, titre qui se trouve placé avant celui qui est relatif à la *petitio hereditatis* ; or, comment comprendre que la matière principale soit traitée après la matière accessoire ? Un autre argument est tiré du paragraphe 4 des *Sentences* de Paul, livre IV, titre V : « *Qui inofficiosum dicere potest hereditatem petere non prohibetur* ». Windscheid explique ce texte en y voyant un rapprochement entre la *petitio hereditatis* simple et la *petitio hereditatis* qualifiée *querela inofficiosi testamenti*. Enfin dernier argument de cet auteur : la *querela* est autre chose que la *petitio hereditatis*, car cette dernière action ne peut être intentée que contre celui qui possède ; or, on ne peut forcer le *querelans* à laisser périmer son droit pour ce motif que l'institué ne possède pas. A ce dernier argument nous répondrons que toute personne, qui a un moyen légal d'obtenir les objets héréditaires, devant être considérée comme possédant en matière de *petitio hereditatis,* le raisonnement de Windscheid se trouve de ce chef infirmé.

Quant aux conséquences pratiques de ce système mixte aboutissant à la possibilité de la *querela* contre un légataire particulier, nous ne trouvons pas de texte qui y fasse allusion. Au contraire nous trouvons un grand nombre de textes qui confondent la *petitio hereditatis* avec la *querela inofficiosi testamenti,* par exemple la loi 7, *principium,* au Digeste, livre V, titre III, qui, dans l'hypothèse d'un esclave soutenant que la liberté lui est laissée par testament, nous dit que le juge ne doit rien statuer sur la liberté demandée pour ne pas préjuger le jugement qui doit intervenir sur le testament. Ajoutons que le Sénat et l'empereur Trajan se sont trouvés d'accord pour ordonner de surseoir à prononcer sur la liberté jusqu'à ce que les contestations sur l'inofficiosité du testament fussent portées en justice ou terminées. Enfin, dernière réfutation de ce système mixte que nous combattons, disons qu'on ne trouve jamais dans les textes les mots « *action d'inofficiosi testamenti* » ; les termes employés sont ceux d'*accusatio querela* ; ce n'est donc pas une action proprement dite.

Après avoir établi que la *querela inofficiosi testamenti* n'est qu'une variété de la *petitio hereditatis*, il ne faudrait pas aller trop loin dans cette voie et assimiler complètement ces deux moyens de procédure. La *querela* a en effet des caractères propres qui en font une *petitio hereditatis* qualifiée. Tout d'abord, en raison de ce qu'elle est une action *vindictam spirans*, au lieu d'être perpétuelle comme la *petitio hereditatis* la *querela* s'éteindra par cinq ans. Ce n'est qu'à défaut d'une autre action pour obtenir soit l'hérédité, soit la légitime, que la *querela* peut être intentée. Ainsi elle ne peut l'être par le légitimaire qui a reçu quelque chose par testament ; le droit d'user d'une action personnelle pour faire compléter le montant de ce à quoi il a droit lui appartient seulement. Enfin la *querela inofficiosi testamenti* ne passe pas aux héritiers du légitimaire mort avant d'intenter l'action et elle s'éteint par le désistement du *querelans*.

2° *De l'héritier fidéicommissaire.* — Quand le *de cujus* a chargé l'institué de restituer l'hérédité à un fidéicommissaire, celui-ci a pour réclamer l'hérédité en vertu du sénatus-consulte Trébellien une action fictice dite « *petitio hereditatis fideicommissaria* ». Cette action est utile ; la fiction consiste à supposer dans la formule que le fidéicommissaire est héritier ; peut-être même le supposait-on institué dans le testament (Gaius, *Commentaires*, II, § 253). Cette *petitio hereditatis* ne s'applique donc pas à celui qui a droit à l'hérédité en vertu du sénatus-consulte Pégasien, mais seulement à celui qui se prévaut du Trébellien. C'est qu'en effet celui qui agit en vertu du Pégasien, étant au lieu et place d'un légataire particulier, n'a pas la *petitio hereditatis fideicommissaria*. Le fidéicommissaire ne pouvait donc jamais intenter la *petitio hereditatis directa*, car, s'il prétendait à la restitution en vertu du sénatus-consulte Pégasien, il était *loco legatarii*, si au contraire c'était le sénatus-consulte Trébellien qu'il invoquait c'était la *fideicommissaria petitio hereditatis*, l'action utile qui s'imposait. La *petitio hereditatis directa* restait la propriété du fiduciaire. Ce ne fut que sous Justinien que le fidéicommissaire obtint une action directe qu'il put intenter et contre les tiers possesseurs et contre l'héritier. La *petitio hereditatis fideicommissaria* est régie par les mêmes règles que la *petitio hereditatis directa*. « *Quæ actio eadem accipit, quæ hereditatis petitio civilis*, Loi 2, au Digeste, livre V, titre VI ». Il en résulte que la *petitio hereditatis fideicommissaria* peut être totale ou partielle.

3° *De l'héritier prétorien*. — Le préteur, en créant cette classe d'héritiers, leur donna par la *bonorum possessio* une situation analogue à celle des héritiers du droit civil. Pour sanctionner le nouveau droit qu'il venait de créer, le préteur imagina l'interdit *quorum bonorum* et une *petitio* parallèle à celle du droit civil : la *petitio hereditatis possessoria*. Et comme au moment de cette création, l'édit du préteur a déjà pénétré toute la pétition

d'hérédité civile, la *petitio hereditatis possessoria* n'eut
pas d'autres règles que la *petitio hereditatis* civile. Aussi
allons-nous voir qu'à la différence de la *petitio hereditatis*
utile qui se distingue de la *petitio hereditatis* directe à
raison de la personne du défendeur, la *petitio hereditatis
possessoria* ne se différencie de la *petitio hereditatis* directe que par rapport au demandeur qui est *bonorum possessor* au lieu d'être *heres*.

Pour avoir droit à la *petitio hereditatis possessoria* il
fallait pouvoir se prévaloir d'une *bonorum possessio*.

Il ne rentre pas dans notre sujet d'indiquer ici les règles suivant lesquelles avait lieu l'évolution de la succession *ab intestat*. Le préteur avait soigneusement déterminé la sphère de la *bonorum possessio* ainsi que les
personnes pouvant y prétendre. Il donnait d'abord des
bonorum possessiones testamentaires ; ainsi il accordait
la *bonorum possessio contrà tabulas* aux enfants omis dans
le testament de leur père ou dans celui de leur aïeul paternel.

Il donnait encore la *bonorum possessio secundum tabulas* aux personnes instituées par un testament valable
en droit prétorien.

Enfin, si nous nous plaçons dans la sphère de la dévolution *ab intestat*, il accordait la *bonorum possessio* à huit
catégories de personnes :

La bonorum possessio unde liberi aux héritiers siens
et à ceux qui leur étaient assimilés.

La bonorum possessio unde legitimi aux agnats et à ceux que des constitutions placent au rang des agnats, c'est-à-dire à la mère venant à la succession de ses enfants d'après le sénatus-consulte Tertullien, aux enfants succédant à leur mère par l'effet du sénatus-consulte Orphitien, aux héritiers siens qui avaient négligé de demander dans le délai voulu la *bonorum possessio unde liberi*, enfin aux héritiers appelés par la loi des XII Tables à la succession de leurs affranchis.

La *bonorum possessio unde cognati* aux cognats du défunt suivant le degré de parenté.

La *bonorum possessio unde vir et uxor* à l'époux survivant non divorcé, lorsqu'il n'y avait pas eu *conventio in manum*.

La *bonorum possessio unde decem personæ* à dix cognats de celui qui donnait en mancipation.

La *bonorum possessio tum quem ex familia* relative à la succession de l'affranchi, à la famille, c'est-à-dire aux cognats de l'affranchi.

Enfin *la bonorum possessio unde patronus, patrona liberique et parentes patroni patronæve* et *la bonorum possessio unde cognati manumissoris*, cette dernière accordée aux cognats du patron jusqu'au sixième degré.

Ces différents *bonorum possessores* obtenaient le montant de l'hérédité par des actions spéciales; ils avaient en outre, pour faire valoir leurs droits à l'universalité, la *petitio hereditatis possessoria*. A l'aide de cette action

le *bonorum possessor cum re* faisait prévaloir ses prétentions à l'encontre de tout le monde, à l'encontre même
de l'héritier du droit civil. En admettant qu'il fût demandeur en vertu de la *bonorum possessio contra tabulas*,
et qu'il introduisît la *petitio hereditatis possessoria* le juge
examinait s'il avait droit à l'hérédité, et, si sa prétention à la *bonorum possessio* était reconnue, le juge con-
damnait l'héritier du droit civil.

Si c'était au contraire l'héritier du droit civil qui était
demandeur, le préteur protégeait le *bonorum possessor*,
en lui donnant une exception de dol pour paralyser
l'action du demandeur. Remarquons que la *bonorum
possessio* n'était ainsi protégée que si elle était *cum re*.
Le *bonorum possessor sine re* agissant contre l'héritier du
droit civil était repoussé par une exception que le préteur accordait à ce dernier. Nous savons que la *bonorum
possessio sine re* n'était pas pour cela dépourvue d'intérêt, puisque l'on pouvait s'en prévaloir à l'égard des
tiers. Sous Justinien cette distinction disparaît d'ailleurs, toute *bonorum possessio* étant devenue *cum re*.

Ici se présente une question vivement controversée, la
question de savoir quel avantage pouvait présenter l'interdit *quorum bonorum* pour celui qui, soit comme *bonorum possessor*, soit comme *heres*, intentait la *petitio hereditatis possessoria* ou la *petitio hereditatis* du droit civil,
actions qui toutes deux avaient une portée plus étendue
que l'interdit en question.

Dans un premier système exposé par M. de Savigny, la *petitio hereditatis possessoria* ne serait que l'interdit *quorum bonorum* arrivé à son entier développement. Cette thèse ne nous paraît pas admissible. A l'époque classique nous voyons déjà la *petitio hereditatis possessoria* et l'interdit *quorum bonorum* indiqués séparément par les jurisconsultes. Il en est de même dans les textes du Bas-Empire (loi 1 au Code, livre VIII, titre II). M. de Savigny en outre ne nous montre pas l'intérêt que peut avoir l'*heres* du droit civil, muni de la *petitio hereditatis directa*, à réclamer l'interdit *quorum bonorum*. De plus, il semble résulter de la place où il est traité de l'interdit *quorum bonorum* dans les auteurs, qu'il était considéré comme un moyen rapide d'entrer en possession, et non comme un moyen de faire décider le fond (Gaius, *Commentaires*, IV, § 143. Instututes, livre IV, titre XV, § 3).

Dans un second système on prétend que l'interdit *quorum bonorum* aurait présenté cet avantage que le demandeur n'aurait pas eu à faire la preuve de la propriété du *de cujus*, mais seulement la preuve de la possession par le défunt. Nous croyons qu'il est facile de réfuter cette façon de voir. En droit strict on comprendrait en effet qu'on eût dû obliger le demandeur en pétition d'hérédité, dont la qualité n'était pas contestée, à prouver que le *de cujus* était propriétaire. Mais à cela il n'y avait aucune nécessité. La question soulevée par la *petitio he-*

reditatis est uniquement celle de savoir lequel du demandeur ou du défendeur a le droit de se substituer au défunt pour tout ce qui compose le patrimoine du *de cujus*, Quand le demandeur en pétition d'hérédité établit que c'est lui qui est *heres*, que c'est lui qui a le droit de se substituer au défunt dans le patrimoine, le défendeur condamné doit rendre sans distinction tous les objets rentrant dans l'*universum jus* du défunt. Qu'importe dès lors que le défunt n'ait été que possesseur, le défendeur qui a perdu son procès ne peut même plus retenir les choses simplement possédées. Cela résulte de la Loi 19, *principio*, au Digeste, livre V, titre III, qui impose même la restitution des choses dont le défunt n'avait ni la propriété, ni la possession, mais seulement la *custodia* en vertu d'un dépôt ou d'un commodat. Ce raisonnement est irrésistible quand le débat s'élève entre deux individus qui se prétendent tous deux héritiers du défunt, c'est-à-dire quand le défendeur est possesseur *pro herede*. Serait-il plus discutable au cas où le défendeur est simplement possesseur *pro possessore* ? En ce cas il n'élève pas à l'encontre du demandeur de prétention à l'hérédité ; il conteste simplement que le *de cujus* ait été propriétaire et qu'alors « *in pari causa melior est causa possidentis* ». De là, semble-t-il, il doit y avoir nécessité pour le demandeur de prouver que son auteur était propriétaire. Nous croyons cette objection sans valeur. Le demandeur en pétition d'hérédité, qui se trouve en face d'un possesseur *pro possessore*, n'a pas en réalité à prouver la propriété chez le *de cujus*. Le motif en est qu'on a voulu accorder à l'héritier une compensation aux risques que lui faisait courir l'*usucapio pro herede* et en outre donner une atténuation à la règle en vertu de laquelle l'héritier ne pouvait user des interdits possessoires avant d'avoir appréhendé la succession. C'est qu'en effet, en vertu de l'usucapion *pro herede*, quiconque s'emparait de choses héréditaires dont la possession était vacante, en acquérait la propriété par un an de possession. La *petitio hereditatis* était le moyen donné à l'héritier pour se protéger contre les empiétements sur ses droits, empiétements que la loi encourageait. La *petitio hereditatis* subsista avec cet effet même après la disparition de l'usucapion *pro herede*. Elle supplée alors à la lacune résultant de ce que la possession ne se transmettait pas par voie de succession à l'hérédité, d'où l'impossibilité pour lui de recourir aux interdits possessoires (Loi 23, *proemium*, au Digeste, livre XLI, titre II. — Loi 14, § 2, Digeste, livre IV, titre II).

Dans un troisième système professé par les Glossateurs, Cujas, etc., on ne voit dans l'interdit *quorum bonorum* qu'un moyen provisoire ayant trait seulement à l'obtention de la possession, le fond du droit étant réservé pour une instance ultérieure sur la *petitio hereditatis*. Ce système généralement admis s'harmonise très bien avec le but assigné à l'interdit *quorum bonorum* par la qualification d'interdit *adipiscendæ possessionis* que lui donnent les textes. Etant admis que le but de l'interdit *quorum bonorum* est de faire acquérir la possession, quels avantages présente-t-il sur la pétition d'hérédité directe et sur la *petitio hereditatis possessoria*? Tout d'abord un intérêt de célérité. C'est qu'en effet à Rome il n'y avait que deux sessions, deux *actus rerum*, l'une en été, l'autre en hiver, pendant lesquelles fonctionnent les *judices selecti*. Au contraire le tribunal des *recuperatores*, devant lequel était porté l'interdit, pouvait être organisé à toute époque de l'année. Quant à l'intérêt que le demandeur à l'interdit *quorum bonorum* pouvait avoir à terminer le débat, on y attachait une telle importance que les empereurs Valence, Valentinien et Gratien supprimèrent l'appel en cette matière (Constitution XXII, Code Théodosien, livre XI, titre 39). Outre cet avantage, l'interdit *quorum bonorum* présentait encore pour l'héritier qui n'avait pas appréhendé l'hérédité, celui de pouvoir réprimer les tentatives faites sans droit par un tiers depuis le décès du *de cujus* pour s'emparer de la possession de ses biens. Le demandeur à l'interdit triomphait en prouvant que le *de cujus* avait droit à cette possession et ainsi l'interdit arrivait à tempérer la rigueur de la règle de la non-transmission de la possession à l'hérédité.

Une dernière question très vivement débattue s'élève sur le point de savoir à quelle époque est née la *petitio hereditatis possessoria*. Les systèmes sont à peu près aussi nombreux que les auteurs. Toutefois on peut les diviser en deux grandes catégories ; pour ceux de la première catégorie, cette *petitio* existait déjà au temps des jurisconsultes classiques ; pour les autres, sa naissance serait postérieure à cette époque. Nous étudierons en troisième lieu un système qui a été proposé tout récemment.

Première catégorie de systèmes (de Savigny, Machelard, Lochr).—Ces auteurs admettent que la *petitio hereditatis possessoria* existait à l'époque classique ; ils invoquent à l'appui de leur opinion les lois 1 et 2 au Digeste, livre V, titre V. D'autres auteurs, Fabricius et Leist, refusent toute valeur à ces textes ; suivant eux, Ulpien, dans la loi 1, ne parlait que des actions fictices et Justinien aurait détourné ce texte de sa vraie signification. A les entendre, Justinien aurait également tronqué la loi 2 ; Gaius aurait écrit non pas « *per quam hereditatis petitionem* », mais « *per quas actiones* », ce qui se serait rapporté aux actions fictices et à l'interdit *quorum bonorum*.

Nous trouvons ces objections sans valeur, la dernière surtout. Il suffit de remarquer que c'était l'édit provincial que Gaius visait dans ce texte ; or, dans l'édit provincial, il ne pouvait être question d'actions fictices ni d'interdit *quorum bonorum* ; la loi 2 ne pouvait donc avoir en vue que la *petitio hereditatis possessoria*. Il est facile d'ailleurs de savoir l'ordre des matières suivi par ce jurisconsulte : il expose d'abord le système de la pétition d'hérédité du droit civil ; il dit ensuite ce qu'était la *pe-titio hereditatis possessoria*, ajoute que ses effets sont ceux de la pétition d'hérédité ordinaire et enfin nous dit que l'action donnée au successeur provincial est identique à la pétition d'hérédité prétorienne. Ainsi donc il exis-tait une *petitio hereditatis possessoria* au temps d'Ulpien et de Gaius, mais la question est de savoir exactement à quelle époque elle s'est introduite ; sur ce point on constate des divergences.

D'après Lochr, la *petitio hereditatis possessoria* serait très ancienne.

Suivant Machelard, elle ne daterait que de l'introduc-tion de la *bonorum possessio corrigendi juris civilis gratia*, sous Auguste par conséquent. A partir de cette époque la *bonorum possessio* constituant réellement une succes-sion distincte de l'hérédité civile, il fallait bien créer pour elle une action analogue à la *petitio hereditatis*. Il fallait, en dehors des actions fictices et de l'interdit *quo-rum bonorum*, qu'un moyen pétitoire fût donné au suc-cesseur prétorien pour qu'il pût représenter le défunt. On a de plus conclu de l'existence de la *petitio hereditatis* utile accordée au *bonorum sector*, à l'existence d'une ac-tion analogue accordée au *bonorum possessor*.

Pour M. de Savigny ce serait sous Marc-Aurèle que la *petitio hereditatis possessoria* aurait pris naissance : le *bo-norum possessor*, dit-il, était dans le principe propriétaire bonitaire des biens dont le défunt avait le « *dominium ex jure quiritium* ». Mais, au fur et à mesure que la propriété *in bonis* prit de l'importance, la *bonorum possessio* se rapprocha de l'*hereditas*, ce qui conduisit à donner à l'héritier prétorien les mêmes actions qu'à l'héritier du droit civil ; de là la création de la *petitio hereditatis possessoria*. Cette innovation, dit M. de Savigny, a dû vraisemblablement avoir lieu sous Marc-Aurèle, car c'est à ce moment que la *bonorum possessio secundum tabulas*, qui ne conférait jusque-là qu'un droit d'une efficacité secondaire et sans affinité avec celui de l'*heres*, commença à être assimilé à la *bonorum possessio intestati*.

Deuxième catégorie des systèmes. — Pour Leist et Fabricius, la *petitio hereditatis possessoria* serait postérieure à l'époque classique. Leist part de cette idée que la protection accordée au *bonorum possessor* était complète. Pour lui l'interdit *quorum bonorum* et les actions fictices permettaient au *bonorum possessor* de faire valoir ses droits d'une façon aussi efficace que l'*heres* pouvait exercer les siens. Dès lors pourquoi avoir créé pour lui une nouvelle action puisque les moyens de droit dont il pouvait user lui suffisaient amplement. Et Leist conclut de là que ce ne fut que très tard, après la transformation de la succession prétorienne, quand elle fut mise sur le même pied que l'hérédité, qu'on put songer à donner au *bonorum possessor* une action analogue à la *petitio hereditatis* du droit civil.

Indépendamment des lois 1 et 2 au Digeste, livre V,

titre V, que nous avons déjà examinées, il est facile de battre en brèche ce système. Si, comme le prétend Leist, les actions fictices et l'interdit *quorum bonorum* tenaient complètement lieu d'une pétition d'hérédité, pourquoi, lorsque le *bonorum possessio* devint un véritable droit héréditaire, ne se borna-t-on pas à rendre pétitoire l'interdit *quorum bonorum* et à rendre réelle les actions fictices ?

Quant à Fabricius, il voit dans la *petitio hereditatis possessoria* une création inintelligente de Justinien. Il y a là pour lui une innovation de ce prince et de ses aides, lesquels, dit-il, après avoir escroqué les actions fictices, ont introduit dans le droit romain cette sorte de petit monstre.

3ᵉ Système. — Pour Flach, la *petitio hereditatis possessoria*, inconnue avant l'époque classique, aurait fait son apparition lors du sénatus-consulte Jouventien, mais, à ce moment encore, elle n'était usitée que dans certains cas visés particulièrement dans les textes. Ce serait seulement sous Dioclétien qu'elle se serait généralisée et qu'elle aurait été exercée par le *bonorum possessor* dans tous les cas où la *petitio hereditatis* ordinaire appartenait à l'héritier.

4° *Du cessionnaire du fisc*. — Lorsque c'est le fisc qui est héritier il n'y a pas de difficultés au point de vue de la *petitio hereditatis*, puisque le fisc peut être rangé parmi les héritiers du droit civil ; mais le fisc pouvait avoir cédé ses droits sur l'hérédité. Quelle était alors la situation du cessionnaire?

En vendant l'hérédité, le fisc cessait d'être héritier et investissait le tiers acquéreur de ses droits à peu près comme l'héritier *ab intestat* qui cède à un tiers avant l'adition d'hérédité, par une *cessio in jure*, l'hérédité qui lui est déférée. De là résulte que les tiers qui avaient des droits à faire valoir contre le défunt, devaient poursuivre le cessionnaire du fisc ; de même ce cessionnaire avait des droits qu'il exerçait en son nom propre et non au nom du fisc. Toutefois, comme il n'y a pas là une institution du droit primitif, le cessionnaire n'a pas en main des actions directes ; on lui donne seulement des actions utiles, analogues à celles qui furent données aux fidéicommissaires en vertu du sénatus-consulte Trébellien. Tel est le cas pour l'action universelle de pétition d'hérédité (loi 54, *principio*, Digeste, livre V, titre III). Cette loi suppose que le fisc a recueilli une hérédité entière parce que cette hérédité était vacante et que personne ne se présentait pour la réclamer. Le fisc vend ensuite à un tiers ces parts ou cette hérédité. L'acquéreur pourrait revendiquer séparément par des actions spéciales les différentes choses qui composent la succession ; mais Julien va plus loin et, dans la loi que nous venons de citer, il décide que ce cessionnaire du fisc devra être traité comme s'il était lui-même le successeur universel du défunt et il lui accorde une pétition d'hérédité.

C'est à l'appui de cette décision qu'il invoque par analogie ce qui a été admis pour le fidéicommissaire à qui la
restitution a été faite en vertu du sénatus-consulte Trébellien.

Cette comparaison est très intéressante. Elle nous
montre que le fisc est désormais chargé de l'hérédité
comme le fiduciaire qui a restitué. Par conséquent ce
sera par la formule Servienne, grâce à laquelle il fait
valoir son propre droit, et non par la formule Rutilienne
par laquelle il s'attribuerait le droit d'un autre, que le
cessionnaire du fisc exercera la pétition d'hérédité qui
lui appartient (Gaïus, *Commentaires*, IV, § 35).

5° *De l'acheteur ordinaire d'hérédité.* — Au rebours
de ce qui a lieu pour le cessionnaire du fisc, l'action de
l'acheteur ordinaire d'une hérédité, à laquelle l'institué
a fait adition, est donnée avec une formule Rutilienne,
c'est-à-dire que c'est le droit du vendeur que l'on vérifie
dans l'*intentio*, tandis que la *condemnatio* est prononcée
au profit du cessionnaire. C'est là une des conséquences
qui résultent de la vente d'une hérédité, conséquence
qu'il faut rappeler et ne pas confondre avec les effets de
la *cessio in jure* d'une hérédité.

Quels sont les effets que produisait en droit romain la
vente d'une hérédité ? Entre les parties l'acheteur était
purement et simplement substitué à l'héritier ; il devenait créancier de toutes les créances de l'hérédité et débiteur de toutes les dettes et charges de la succession.

Mais à l'égard des tiers la vente n'avait pas le même effet ; l'héritier, alors même qu'il n'avait pas fait expressément l'adition, se trouvait avoir fait une « *gestio pro herede* » par cela seul qu'il vendait l'hérédité ; s'il était héritier externe, la vente qu'il consentait constituait un acte d'héritier emportant adition ; s'il était *heres necessarius*, il faisait par là un acte d'immixtion. Il était donc héritier, or « *semel heres semper heres* » ; c'est lui que les créanciers poursuivront, c'est lui aussi et lui seul qui aura le droit de poursuivre les débiteurs du défunt. La vente de l'hérédité ne produisait donc pas effet à l'égard des tiers. Pour remédier à cet inconvénient, pour mettre l'acheteur dans la même position que l'héritier au regard des tiers, les parties employaient des stipulations réciproques : stipulations *emptæ et venditæ hereditatis*. En quoi consistaient ces stipulations ? L'héritier vendeur, s'adressant à l'acheteur lui disait : « Promets-tu de m'indemniser de tout ce que j'aurai été condamné à payer à titre héréditaire et aussi de tout ce que j'aurai donné de bonne foi au même titre, et, si je suis poursuivi comme héritier par un créancier héréditaire, promets-tu de me défendre ? » L'acheteur promettait, mais en retour il posait à l'héritier une autre question : « Promets-tu de ton côté de me restituer fidèlement tout ce qui te proviendra de l'hérédité et de me laisser exercer les actions héréditaires à titre de *procurator* ou de *cognitor* ? » L'héritier sollicité promettait également.

Grâce à ces stipulations réciproques les parties arrivaient
à faire passer à l'acheteur le bénéfice des créances et
les charges des dettes de l'hérédité. Quant aux biens
corporels l'acheteur en devenait propriétaire par la tradition qui lui en était faite par l'héritier.

Comme on vient de le remarquer, ce n'était que comme *procurator*, en vertu de la *procuratio in rem suam*
que le vendeur était obligé de lui consentir en vertu de
ses engagements, que l'acheteur obtenait la *petitio hereditatis* par la formule Rutilienne dont nous avons déjà
parlé. Avec le temps on arriva à sous-entendre, dans
tous les cas où elle devait avoir lieu, cette *procuratio*
nécessaire et irrévocable et qui était opposable aux tiers
par une signification.

Certains auteurs, Maynz (1) par exemple, pensent que
sous Justinien ce n'est pas comme cessionnaire, ce n'est
pas *utiliter quasi ex jure cessione venditoris*, mais *jure
proprio*, de son chef, que l'acheteur d'une hérédité exerce
la *petitio hereditatis*, et ces auteurs prétendent trouver
la confirmation de cette théorie dans un texte du Digeste
qui met l'acheteur d'une hérédité à l'abri des exceptions
fondées sur le dol de son auteur, nous voulons parler de
la loi 4, § 28, au Digeste, livre XLIV, titre IV. Si on
ne peut paralyser l'action de Sempronius, dit Maynz,
par les exceptions que l'on aurait pu opposer à l'*intentio*
de son auteur, c'est donc que l'action intentée par Sem-

(1) Maynz, *Cours de droit romain*, tome 3, p. 505.

pronius est une action qui lui est propre, et non pas l'action de son auteur qu'il exercerait comme action utile. A cette objection nous répondrons qu'Ulpien auquel ce texte est emprunté, parlait non pas de l'*hereditatis venditæ*, mais de l'ancienne *cessio in jure* faite par l'héritier *ab intestat*. Les rédacteurs du Digeste ont copié le texte d'Ulpien sans se donner la peine de le corriger.

2ᵉ CONDITION. — B. *Le demandeur en pétition d'hérédité qui se prétend héritier* ab intestat *ne doit avoir renoncé ni expressément, ni tacitement, à attaquer le testament.*

Si le demandeur est héritier *ab intestat*, il faut, outre la preuve de sa qualité, qu'il n'ait renoncé ni expressément ni tacitement à attaquer le testament qu'il prétend être faux, *ruptum*, *irritum*, *injustum* ou *inofficiosum*. Cette renonciation peut avoir été expresse ou tacite ; *expresse*, si elle résulte d'une transaction, *tacite*, si elle provient de la réclamation faite par l'héritier légitime d'une partie de l'hérédité à titre d'institué testamentaire, ou encore de l'acceptation d'un legs. Un rescrit d'Antonin, qui se trouve dans l'ouvrage de Paul, considère une acceptation de cette nature comme emportant ratification de la volonté du testateur et comme enlevant à celui qui l'a faite, le droit d'intenter l'action en pétition d'hérédité (Loi 43 au Digeste, livre V, titre III). Ce point est d'ailleurs confirmé par un argument *a contrario* de la loi 77 au Digeste, livre XXIX, titre II. Si l'héritier institué comme héritier testamentaire, est censé répudier cette hérédité testamentaire, quand il accepte l'hérédité légitime, par *a contrario* quand, acceptant un legs, il reconnaît implicitement la validité du testament, il renonce par là même à la succession *ab intestat*. Toutefois il y avait exception à cette règle au cas où l'héritier légitime avait accepté un legs ou réclamé une portion de l'hérédité à titre d'institué testamentaire, dans l'ignorance où il se trouvait des vices dont ce testament était entaché. Un héritier *ab intestat* par exemple, légataire aux termes d'un testament qui se trouve rompu par la survenance d'un enfant ou qui devient *irritum* parce que le testateur a perdu la qualité de citoyen, l'héritier, disons-nous, qui, se trouvant dans ces conditions et ignorant ces vices, accepte le legs qui lui est attribué, n'est point déchu de ses droits et peut néanmoins se porter héritier *ab intestat* (Loi 43 au Digeste, livre V, titre III). Une question qui se pose est celle de savoir ce que devenait en pareil cas le legs reçu par l'héritier *ab intestat* qui attaquait le testament. Dans le principe il fallait le restituer à l'institué ; il était impossible de deviner ses prétentions sur le testament. Mais peu à peu comme l'indiquent les textes, cette remise prit un caractère provisoire et si le demandeur en pétition d'hérédité dut encore rendre le legs qu'il avait reçu, ce ne fut plus que sous la promesse qu'il lui serait restitué au cas où il succomberait. Si le défendeur refusait de donner cette garantie, le demandeur pouvait garder le legs, sauf s'il

triomphait à le déduire du montant de la condamnation.
On ne peut refuser la *petitio hereditatis* à l'héritier *ab intestat* agissant contre l'héritier testamentaire en vertu
d'une nullité de forme contenue dans le testament, sous
le prétexte que cet héritier *ab intestat* a précédemment
échoué dans une poursuite en faux contre l'institué ;
il n'y a pas dans l'accusation de faux et dans la demande en nullité « *eamdem causam petendi* » et par suite
on ne saurait opposer ici l'exception *rei judicatæ* (Loi 47,
au Digeste, Livre V, titre III). Le doute que la loi 47
résout provient de ce que la *petitio hereditatis* est une
action réelle. C'est qu'en effet, quand on intente une
action réelle, quand on se prétend propriétaire d'une
chose, la solution du procès fait connaître si le demandeur est oui ou non propriétaire de cette chose ; entre
ces deux extrêmes il n'existe pas de moyen terme. Par
conséquent, si le demandeur a succombé dans son action, il y a contre lui chose jugée d'une manière absolue
et si, après cet échec, il voulait encore se prétendre
propriétaire, si dans ce but il voulait à nouveau intenter
une action, il serait repoussé par l'exception *rei judicatæ*.
Notons toutefois qu'il existe un moyen de se réserver
une nouvelle action dans l'hypothèse des actions réelles,
c'est d'agir « *adjecta* ou *expressa causa* », c'est de se
prétendre propriétaire pour une cause déterminée. Or,
dans notre hypothèse de la loi 47, au Digeste, Livre V,
titre III, c'est justement ce qui est arrivé. Le deman-

deur en pétition d'hérédité s'est bien vu déclarer une
fois qu'il n'était pas propriétaire, mais qu'on le remarque, il se prétendait propriétaire parce que, disait-il,
le testament était entaché de faux ; pourquoi cette première instance périmerait-elle pour lui le droit de prouver non plus que le testament est entaché de faux, mais
qu'il est infecté d'un autre vice, et par suite, s'il réussit
dans sa démonstration, à le faire tomber à son profit.

L'action personnelle n'offre point ces dangers ; que la
cause ait été exprimée ou non dans la première instance
peu importe, une même chose peut être due plusieurs
fois à des titres différents.

Nous venons de voir que lorsqu'il s'agit d'une attaque
dirigée par un héritier *ab intestat* contre un testament
qu'il prétend entaché d'un vice, il faut, pour qu'il triom-
phe, qu'il n'ait point reconnu la validité du testament
qu'il attaque. Comment l'héritier institué opposera-t-il
au demandeur la reconnaissance par lui faite le cas
échéant ? Si la reconnaissance est expresse, pas de difficulté, il y aura alors un pacte et l'héritier institué re-
poussera l'héritier *ab intestat* par l'exception *pacti conventi*. Si la reconnaissance est tacite, le préteur a alors
un pouvoir d'appréciation extrêmement large ; le pro-
cédé le plus simple consistera à insérer une exception
dans la formule.

CHAPITRE IV

CONDITIONS REQUISES DANS LA PERSONNE DU DÉFENDEUR.

Le droit civil exige la réunion de deux conditions dans la personne du défendeur à la *petitio hereditatis*.

Il faut d'abord qu'il possède un objet héréditaire. Il faut en second lieu que cette possession révèle certains caractères.

1ʳᵉ CONDITION. — La *petitio hereditatis* suppose, pour être exercée, qu'il y a quelque chose à demander, à « *petere* ». Cette action n'est pas en effet un simple *præjudicium* ; elle ne consiste pas dans la pure reconnaissance d'un titre ; il faut, pour que l'héritier l'intente, qu'un obstacle soit apporté à l'exercice de ses droits. Cet obstacle consiste en général dans la jouissance de l'un des biens qui composaient le patrimoine du défunt. Peu importe que ce bien ait de l'importance ou n'en ait point (loi 10, au Digeste, livre V, titre III), peu importe qu'il soit corporel ou incorporel (loi 13, § 15 au Digeste, même titre). Les Romains appellent en effet la jouissance de l'une des valeurs du patrimoine du défunt, quelle qu'elle soit « *possessio* ». Ils détournent ainsi cette expression de son acception propre dans laquelle elle

s'applique à la détention des choses corporelles. L'individu qui ne détient rien aurait beau opposer des contradictions aux droits du demandeur, qu'importe à l'héritier qu'un tel défendeur allègue contre lui son droit à
l'hérédité : aucun préjudice n'en résulte pour lui ; il serait donc mal venu à intenter la *petitio hereditatis* de ce
chef.

A. *De la possessio rerum.* — La possession des choses
corporelles, qui pouvait motiver à l'encontre du possesseur l'exercice de la *petitio hereditatis*, consistait dans la
possession des choses corporelles qui appartenaient au
défunt en propriété.

Les choses données en gage par le défunt lui-même
au possesseur actuel motivaient aussi l'exercice de la
petitio hereditatis, du moment que le possesseur possédait *pro herede* ou *pro possessore* (loi 54, § 1, au Digeste,
livre V, titre III). De même étaient susceptible de possession suffisante pour justifier l'exercice de la *petitio hereditatis*, les choses corporelles que le défunt possédait
ad usucapionem (loi 19 au Digeste, même titre).

On faisait rentrer également dans la *petitio hereditatis*
les choses sur lesquelles, sans avoir un droit d'action le
défunt avait un droit de rétention (loi 19, § 2, au Digeste, même titre). Il se trouvait ici que le défunt avait
juré non pas que la chose lui appartenait, ce qui lui eût
donné une action, mais seulement qu'elle n'appartenait
pas à son adversaire, d'où droit de rétention.

B. *De la possessio juris.* — La possession de choses incorporelles, la possession de droits donne lieu aussi à la *petitio hereditatis* ; tout semble prouver qu'à l'origine les choses incorporelles étaient à Rome susceptibles d'une véritable possession ; ainsi, avant la *lex Scribonia*, une servitude pouvait être usucapée. On sait comment par suite de réaction on en vint à croire que l'idée de possession ne pouvait s'appliquer qu'à des choses corporelles, puis enfin comment le droit classique revenant aux vrais principes reconnut une quasi-possession des choses incorporelles. Dès lors on peut donc posséder non seulement un objet matériel mais aussi un droit faisant partie de l'hérédité ; on s'explique par suite que la *petitio hereditatis* puisse être intentée contre un possesseur de droit.

La loi 13, § 15, au Digeste, livre V, titre III, suppose que l'on intente la *petitio hereditatis* contre un débiteur héréditaire envisagé comme *possessor juris*. Il semble à première vue résulter de ce texte que le débiteur héréditaire dont il s'agit, voyant demander le montant de sa dette par la *petitio hereditatis*, se trouve ainsi en butte à une action réelle. Cela peut donc tout d'abord paraître bizarre. Ulpien est trop perspicace pour ne pas le sentir ; il prévoit l'objection et la repousse indirectement en disant que cela tient à ce que le débiteur joue le rôle d'un *quasi juris possessor*. Le défendeur fonde ici sa résistance sur ce qu'il se prétend héritier ; dès lors son refus de payer sa dette se trouve motivé par une préten-

due confusion qui se serait opérée sur sa tête. Le défendeur prétend qu'il succède au défunt qui était son créancier et que, lui ayant succédé, il est devenu son propre
créancier ; que dès lors il s'est libéré lui-même de son
obligation par confusion. Or, puisqu'il est de principe
que l'exercice d'un droit avec l'*animus domini* est équi-
valent à la possession, il faut reconnaître que dans cette
hypothèse il y a quasi-possession *pro herede* de la créance.
En pareil cas, on le voit donc, le défendeur ne nie pas
l'existence de la créance au profit du *de cujus* : il n'invoque pas non plus une cause de nullité du contrat qui
a donné naissance à cette créance ; sa résistance provient simplement de la prétention qu'il a d'être héritier.
Le demandeur n'a donc pas dans l'espèce à prouver
l'existence de la dette, ce qu'il ferait en intentant l'action personnelle née du contrat ; l'instance qu'il introduit a bien réellement pour but de démontrer qu'il est
héritier et que le défendeur ne l'est pas ; c'est donc par
la *petitio hereditatis* qu'il faut agir.

Remarquons qu'il importe peu que le terme ou la
condition pouvant affecter la créance ne soit pas encore
réalisé. La confusion même éventuelle à laquelle le défendeur prétend constitue une quasi-possession de la
créance, de la « *spes debitum iri* ». Cette confusion éventuelle suffira pour justifier sinon une condamnation, au
moins l'ordre de fournir une caution qui garantira le paiement ultérieurement ou éventuellement exigible. Il faut

donc admettre que la *petitio hereditatis* est possible, même quand la restitution actuelle des valeurs héréditaires ne l'est pas. Peu importe du reste quelle est la source de la dette ; peu importe qu'elle ait sa cause dans un contrat ou dans un quasi-contrat, dans un délit ou dans un quasi-délit ; peu importe même qu'elle ait pris naissance pendant la vie du défunt ou seulement après sa mort, pourvu qu'elle soit héréditaire et qu'elle soit née avant qu'ait pris fin la jacence de l'hérédité (loi 14, au Digeste, livre V, titre III).

La seconde partie de ce texte mérite d'être rapportée : « *Debitor autem hereditarius intelligitur is quoque, qui servo hereditario promisit, vel qui ante aditam hereditatem damnum dedit* ». L'hérédité pourra donc devenir créancière par suite de contrats passés avec l'esclave héréditaire, à moins bien entendu qu'il ne s'agisse d'actes exigeant une réalité personnelle, comme par exemple la constitution d'un usufruit. L'esclave héréditaire acquiert au profit de l'hérédité l'action née du contrat qu'il a passé.

Les mots « *vel qui ante aditam hereditatem damnum dedit* » font allusion à un dommage matériel causé à une chose de la succession, à l'esclave héréditaire par exemple. Ce *damnum* donne lieu à l'action de la loi Aquilia ; la créance qui en résulte est acquise à l'hérédité : celui qui est l'auteur de ce délit et qui est par conséquent responsable du dommage causé sera poursuivi par la *petitio hereditatis*, s'il se prétend héritier.

Aux termes de la loi 15 au même titre, celui qui a détourné un objet héréditaire et qui par suite est passible de la peine du *crimen expilatæ hereditatis*, pourra de plus voir intenter contre lui la *petitio hereditatis*, s'il se prétend héritier.

Il résulte de la loi 42 au même titre que si le débiteur de la succession niait que le demandeur fût héritier sans prétendre pour lui-même à cette qualité, la *petitio hereditatis* n'aurait plus lieu d'être exercée et ce serait à l'action spéciale de la dette que le demandeur devrait avoir recours.

En effet, ici le débiteur refuse bien de payer la dette, mais il ne fonde pas son refus sur une prétendue confusion qui se serait opérée à son profit ; il invoque une raison d'un ordre tout autre, telle que par exemple la nullité du contrat sur lequel le demandeur fonde sa prétention. Le défendeur ne possède donc ici ni *pro herede* ni *pro possessore* et la *petitio hereditatis* ne saurait être intentée contre lui.

A cette première catégorie de possesseurs de droit que nous venons d'examiner il convient d'ajouter ceux qui, ayant perdu la possession d'objets corporels héréditaires, ont une action pour la recouvrer, par exemple l'interdit *unde vi* ou la *condictio indebiti* au cas où ils ont payé un objet héréditaire, des legs constitués par un testament nul. L'héritier, dans cette hypothèse, peut intenter la *petitio hereditatis* contre le *dejectus* et contre le *dejiciens* ; contre le *dejectus* d'abord, en tant que *possessor juris*, pour lui demander cession de l'interdit *unde vi* ; contre le *dejiciens* qui est tenu à son égard comme *possessor rei corporalis*.

Un autre exemple nous est fourni par la loi 16, §§ 4 et 7, au Digeste, livre V, titre III. Il y est question d'un héritier institué par un testament qu'il croit valable et qui se trouve *ruptum* ; cet institué s'est mis en devoir d'acquitter les fidéicommis qui le grèvent ; il a remis au fidéicommissaire soit la totalité, soit une partie seulement des choses formant le fidéicommis. La loi précitée nous dit que le véritable héritier pourra intenter contre lui la *petitio hereditatis* à raison des objets dont il s'est dessaisi. C'est qu'en effet cet institué qui a payé indûment se trouve avoir à l'égard des bénéficiaires de son erreur une *condictio indebiti*. Seulement, comme ce faux institué est de bonne foi, il échappera aux conséquences de la *petitio hereditatis* en cédant au véritable héritier qui l'intente contre lui, la *condictio indebiti* dont il est nanti contre les fidéicommissaires.

On considère comme *possessor juris* l'ex-possesseur de choses héréditaires qui les a vendues.

Supposons maintenant que c'est un fils de famille ou un esclave qui a ce prix de vente dans son pécule ; la loi 34, § 1, au Digeste, livre V, titre III, nous dit que le maître ou le *paterfamilias* en serait réputé *possessor juris* et, en cette qualité, se verrait tenu non pas par l'action *de peculio*, mais par la *petitio hereditatis*.

Nous pensons qu'il faut corriger ce texte et lire « *Quasi a rei possessore* » au lieu de « *Quasi a juris possessore* ».

2° CONDITION. — Le premier élément que nous venons d'étudier ne suffit pas ; comme nous l'avons déjà dit, il faut en outre posséder d'une certaine manière : *pro herede* ou *pro possessore*. Cette condition distingue nettement notre action de la *reivindicatio*. La revendication est donnée contre tout posseseur, quelle que soit la cause de sa possession ; elle est même donnée contre celui qui étant seulement *in possessione* peut exhiber la chose. Mais comment savoir que cette condition est réalisée ? Comment savoir si le défendeur possède *pro herede* ou *pro possessore* ? Une Constitution des empereurs Honorius et Arcadius nous montre que par suite de nouvelles exceptions aux principes généraux, le défendeur à la *petitio hereditatis* était obligé de déclarer à quel titre il possédait (Constitution 11 au Code, livre III, titre XXXI). Il résulte du reste indirectement de la loi 12 (Digeste, livre V, titre III) qu'on faisait subir au défendeur une sorte d'*interrogatio in jure* ; cette *interrogatio in jure* peut porter sur le caractère et les conditions de la possession. Les lois 12 et 13 *principio* au Digeste (livre V, titre III) confirment bien ces données.

Dans l'action en revendication il y a aussi une *interrogatio in jure* ; la question posée au défendeur consiste à lui demander s'il se reconnaît ou non possesseur de la chose revendiquée : « *An rem possideat* » ou encore « *Quota ex parte possideat* ». Dans la *petitio hereditatis* on va plus loin ; on lui demande à quel titre il possède : « *Cur possideat* ». A cette question le défendeur répond ou garde le silence. S'il répond, il invoque un titre à sa possession ; si le titre invoqué est susceptible de conférer des droits sur l'hérédité envisagée dans son ensemble, comme *universitas juris*, le défendeur est traité comme possédant *pro herede* et la *petitio hereditatis* est délivrée contre lui ; si au contraire le titre invoqué ne justifie qu'une acquisition à titre singulier, si par exemple le défendeur déclare posséder *pro donato*, *pro dote*, *pro emptore*, la *petitio hereditatis* ne pourra pas être intentée contre lui.

Si le défendeur ne répond pas à la question qui lui est posée, le demandeur va-t-il se voir réduit à agir au hasard, à intenter une action qui sera peut-être infructueuse ? Il n'en est rien ; les textes nous apprennent que ce possesseur peu bavard est assimilé à un contumace. L'effet de la contumace étant d'entraîner pour le défendeur la situation la plus désavantageuse, le demandeur pourra interpréter à son gré le caractère de la possession, et, s'il ne préfère intenter les actions spéciales, il pourra s'en tenir à la *petitio hereditatis* sous prétexte que celui qui ne dit rien s'avoue possesseur *pro possessore*.

H. 6

Des situations intermédiaires peuvent se produire. Il se peut qu'à l'interrogation qui lui est faite, le défendeur réponde, mais sans alléguer aucun titre : « *Possideo quia possideo* ». En ce cas il est considéré comme un *prædo*. Il importe alors de savoir exactement ce qu'il a usurpé : si c'est l'hérédité elle-même ou simplement des biens héréditaires, l'*universitas* ou des *res singulæ*. C'était là une question de fait que le juge résolvait suivant les circonstances.

Une autre hypothèse peut se présenter. Il peut se faire que le défendeur induise le magistrat et le demandeur en erreur par des déclarations mensongères. S'il répond affirmativement à la question qui lui est posée pour savoir s'il a un titre dont il peut se prévaloir, alors qu'il n'en a pas, ou bien s'il dit avoir un titre universel quand il n'a qu'un titre particulier ou réciproquement, la loi 11, § 7, au Digeste, livre XI, titre I, nous apprend qu'il est traité comme le défendeur qui garde le silence.

On peut encore supposer que le défendeur déclare être seulement *in possessione*. En ce cas la *petitio hereditatis* sera accordée contre la personne pour le compte de qui il possède. En effet le défendeur à la pétition d'hérédité doit posséder quelque chose de l'hérédité. Or la possession comprend deux choses : le *corpus*, c'est-à-dire la détention réelle, et l'*animus*, c'est-à-dire la volonté, l'intention d'être propriétaire ou créancier. Ceux qui n'ont pas cet *animus* et le reconnaissent chez autrui sont *in possessione, non possident*. Ceux qui ont l'*animus* sont seuls les véritables possesseurs. Tant que le mandataire peut espérer que le mandant ratifiera la prise de possession, le mandataire détient pour ce mandant qui possède et qui doit être actionné. Dès qu'il est certain qu'il n'y aura pas de ratification, le mandataire possède pour lui-même ; c'est faussement qu'il se dit mandataire ; il possède *pro possessore*.

En approfondissant notre sujet nous allons nous demander ce que c'est exactement qu'un possessor *pro herede* et un *possessor pro possessore*.

A. *Du possessor pro herede.* — Le « *possessor pro herede* est celui qui détient une valeur héréditaire parce qu'il croit avoir droit à l'hérédité dont cette valeur dépendait, soit en vertu du droit civil, soit en vertu du droit prétorien. La loi 11, *principio*, au Digeste, livre V, titre III, nous cite le *bonorum possessor* comme possédant *pro herede*. A l'époque classique il y avait des cas exceptionnels où la *bonorum possessio* était encore *sine re*, c'est-à-dire cédait devant la *petitio hereditatis*. C'est à ces hypothèses que Gaius fait allusion au paragraphe 144 de ses Instituts, commentaire IV, où il s'occupe de l'interdit *quorum bonorum*. Sous Justinien au contraire le *bonorum possessor* a toujours la *bonorum possessio cum re ;* il est donc toujours héritier et la *petitio hereditatis* ne saurait être intentée contre lui. Comment dès lors expliquer qu'on ait conservé au Digeste la loi 11 que nous venons de citer, loi qui assimile le *bonorum possessor* à celui qui croit être héritier. Au premier abord il semble que ce texte soit inutile ; mais en l'étudiant on se rend compte qu'il présente de l'intérêt pour les cas où on croit faussement avoir la *bonorum possessio*.

On peut établir comme règle générale que toute personne qui a ou croit avoir à l'hérédité un juste titre de succession universelle, autre même que celui d'héritier, doit être considérée comme possédant *pro herede*. Par application de cette règle nous regarderons comme tel l'*addictus libertatum servandarum causâ*. De même encore celui qui croit avoir reçu l'hérédité par suite d'une *cessio in jure* que lui aurait faite avant l'*aditio* un prétendu héritier *ab intestat* (Gaius, *Commentaires*, III, § 85). De même enfin le père adrogeant qui recueille une hérédité qu'il croit à tort avoir été acquise par l'adrogé, alors que celui-ci était *sui juris* (Gaius, *Commentaires*, III, § 84).

B. *Du possessor pro possessore.* — Il y a *possessio pro possessore* quand le défendeur détient sans produire aucun titre particulier de possession. Ulpien comme nous l'avons déjà vu, caractérise un tel possesseur par ces mots « *possidet quia possidet* ». Ce possesseur est toujours de mauvaise foi. On est considéré comme possédant *pro possessore* quand le titre singulier de possession qu'on invoque est nul. Avoir un titre nul et n'en pas avoir, c'est la même chose. S'il est facile de comprendre pour-

quoi la *petitio hereditatis* est possible contre le possesseur *pro herede*, on comprend moins que cette action
puisse être exercée contre un *possessor pro possessore*.
En effet la *petitio hereditatis* a pour but de demander l'hérédité ; or le *possessor pro possessore* ne détient pas ce
qu'on lui demande.

Les romanistes ne se sont pas trouvés ici d'accord
dans leurs explications.

Les uns ont invoqué le raisonnement suivant. Du
moment que dans un procès le demandeur établit avoir
un droit préférable à celui du défendeur, il doit l'emporter sur ce dernier. Or ici n'est-ce pas le cas ? Le demandeur est héritier d'un possesseur, d'un détenteur ; le
défendeur au contraire n'appuie sa possession sur aucun
texte. Le demandeur a donc un droit préférable et doit
l'emporter. Ce raisonnement nous semble malheureusement faux : si, par hypothèse, le défunt ex-détenteur se
fût trouvé en présence du détenteur actuel, il n'en eût
pas triomphé, car « *in pari causâ melior est causa possidentis* » ; or, le titre d'héritier ne peut attribuer à celui
qui s'en prévaut un élément que n'avait pas le *de cujus*,
élément indispensable pour triompher.

Les autres ont vu dans l'exercice de la *petitio hereditatis* contre un possesseur *pro possessore* un moyen de
remplacer pour les héritiers les interdits possessoires de
leur auteur, interdits dont ils ne pouvaient faire usage
quand ils n'avaient pas pris possession de fait. Dans

ce système la faculté d'attaquer par la *petitio hereditatis*
le possesseur sans titre de choses héréditaires fut main-
tenu comme moyen de parer à l'inconvénient résultant
de cette règle que la possession du défunt ne se transmet pas par voie de succession à ses héritiers. En effet,
disent les auteurs qui adoptent cette opinion, permettre
au possesseur dépourvu de tout titre de renvoyer l'héritier à l'exercice de la revendication, c'eût été imposer
à cet héritier une situation bien mauvaise, relativement
à celle qu'aurait eue le défunt à la suite d'une usurpa-
tion. Du vivant du défunt, si quelqu'un se fût emparé de
ce qu'il possédait, il eût eu la ressource des interdits
possessoires sans avoir besoin d'établir sa propriété.
L'héritier au contraire ne peut user de ces interdits parce que la possession de son auteur ne lui est pas transmise, et que d'autre part l'hérédité incapable de posséder ne pouvait elle-même acquérir les interdits de cette
nature. Et les partisans du système que nous exposons
concluent que la *petitio hereditatis* fournissait en pareil
cas le moyen de protéger l'intégralité de la succession
contre des usurpations devenues plus faciles en fait par
suite de la mort de l'ancien possesseur.

Cette explication a du vrai mais elle ne répond pas
à toutes les hypothèses qui peuvent se présenter. Ainsi
supposons que l'héritier se voie enlever par un *prædo*,
avant de l'avoir appréhendée, une chose sur laquelle le
défunt n'eût pu exercer lui-même les interdits parce

qu'il était commodataire ; dans ce cas, en accordant la *petitio hereditatis* à l'héritier on fait plus que lui donner la situation de son auteur, on lui en donne une meilleure. En effet, dans cette hypothèse, le possesseur *pro possessore* devait pouvoir dire : « *Possideo quia possideo* ». « Vous n'avez pas de droits supérieurs aux miens et par conséquent j'entends rester en possession.

Cujas dans ses Commentaires et Doneau adoptent une troisième façon de penser. Pour eux le *possessor pro possessore*, par cela même qu'il s'abstient d'alléguer aucun titre, doit être présumé prendre la qualité d'héritier ; il doit être présumé usurper le titre d'héritier qui seul explique la possession des choses héréditaires qu'il détient ; donc c'est à titre de peine, pour le punir, que l'héritier a la faculté, quand il n'invoque pas de titre, de le considérer comme prenant le titre d'héritier et par suite comme pouvant être poursuivi aussi bien qu'un possesseur *pro herede*.

Cette explication concorde bien avec le caractère du *prædo* que nous savons être essentiel chez un possesseur *pro possessore*. Et cependant, si l'on va au fond des choses, ce système ne peut encore nous satisfaire ; la présomption sur laquelle il repose ne saurait sans injustice être toujours élevée à l'encontre du possesseur *pro possessore*. En effet dans bien des cas cette présomption est démentie. Supposons par exemple que le possesseur *pro possessore* reconnaisse que le demandeur est héritier, mais qu'il dise que l'auteur de cet héritier était lui-même un *prædo* et que par suite il oppose la maxime « *In pari causa melior est causa possidentis* », évidemment, en pareil cas, si l'objection eût été faite au *de cujus*, celui-ci eût dû, pour retrouver la possession, faire la preuve de sa propriété ; or la situation de son héritier ne peut être différente de la sienne ; le possesseur *pro possessore* devrait donc pouvoir refuser de défendre à la *petitio hereditatis* et renvoyer le demandeur à la preuve de sa propriété.

Un quatrième système tend à établir que le possesseur *pro possessore* serait susceptible d'être attaqué par la *petitio hereditatis*, parce que s'il ne se prétend pas lui-même héritier, il nie tout au moins cette qualité chez le demandeur.

La réfutation que nous avons opposée au système de Cujas suffit à démontrer la fausseté de l'hypothèse dans laquelle se place celui-ci. Il peut très bien arriver que le possesseur *pro possessore* reconnaisse que le demandeur est héritier ; cela arrive dans le cas où il soutient que le *de cujus*, auteur du demandeur qui l'attaque, est un *prædo*.

Outre la réfutation du système de Cujas qui peut s'appliquer aussi à cette opinion, nous pouvons encore lui opposer un texte formel qui vise le cas où le possesseur est un débiteur héréditaire et non plus le possesseur d'une chose corporelle. Ce texte que nous avons déjà vu est la loi 43, au Digeste, livre V, titre III. Cette loi suppose qu'un débiteur refuse de payer non pas parce qu'il se dit héritier, mais parce qu'il nie ou doute simplement que son adversaire soit le véritable héritier. En ce cas le demandeur n'a pas la *petitio hereditatis* ; il ne peut intenter que l'action de la créance et il entrera dans l'*officium* du juge d'apprécier le titre du créancier. Il résulte de ce texte qu'il ne suffit pas de nier la qualité d'héritier chez son adversaire pour être soumis à la *petitio hereditatis*, et, par conséquent, si celui qui possède *pro possessore* peut se voir obligé d'y défendre, c'est ailleurs qu'il faut en chercher le motif.

Un dernier système tend à établir que si la *petitio hereditatis* se prête à l'éviction du possesseur *pro possessore*, c'est uniquement par suite d'une anomalie, puisque les prétentions des deux parties ne se contredisent pas. Et cette anomalie ne peut s'expliquer qu'historiquement. A l'origine, en vertu de l'usucapion *pro herede*, celui qui a possédé, à quelque titre que ce soit et même sans titre, la totalité des objets héréditaires ou quelques-uns d'entre eux, celui-là acquérait au bout d'une année le titre de *heres* et les droits qui y étaient attachés. Posséder quelques objets héréditaires, c'était donc aspirer à posséder toute l'hérédité ; c'était prendre, sinon en fait, du moins intentionnellement et dans l'avenir le titre d'héritier qui rendait passible de la *petitio hereditatis*. Ce principe vit ses effets se perpétuer et survivre à l'é-

poque où sous Hadrien l'usucapion n'eut plus le rôle
que nous venons de signaler. On continua par routine,
quoique le motif en eût disparu, à permettre contre les
possesseurs *pro possessore* l'emploi de la *petitio heredi-*
tatis. Les partisans de ce système expliquent le maintien
de cette tradition par cette idée que l'on arrivait indirectement, à l'aide de la *petitio hereditatis*, à tourner le
principe de l'intransmissibilité de la possession *ipso jure*,
principe dont les conséquences auraient pu être très pré-
judiciables à l'héritier.

C'est qu'en effet à Rome les usurpations de biens successoraux sont d'autant plus faciles que la possession
n'est pas transmise à l'héritier, même après l'adition,
sans une appréhension de fait. Or, si les usurpateurs
n'étaient pas tenus de restituer sur la preuve du droit
héréditaire fournie par le demandeur à la pétition d'hérédité, il en résulterait que la condition de l'héritier serait quant à la possession bien inférieure à celle du défunt. Le défunt aurait pu obtenir justice des usurpateurs par la voie des interdits possessoires, l'héritier au
contraire ne rentrerait en possession qu'en prouvant le
droit de propriété de son auteur.

DROIT FRANÇAIS

DE LA PUISSANCE PATERNELLE

ET DE SES DÉCHÉANCES

INTRODUCTION

NOTIONS GÉNÉRALES SUR LA PUISSANCE PATERNELLE

Nous n'avons pas l'intention de faire une étude approfondie de la puissance paternelle et de ses attributs. La matière serait trop vaste et les proportions forcément restreintes de notre cadre ne permettraient pas d'examiner avec tous les détails nécessaires les droits attachés par le Code au pouvoir du père de famille ; nous serions réduits à des généralités, et ce sujet d'ailleurs n'a-t-il pas été traité et développé à maintes et maintes reprises, beaucoup mieux à coup sûr que nous pourrions le faire ?

Ce que nous voudrions arriver à dégager de notre étude, et ce sera là l'objet de cette thèse, c'est l'évolution

curieuse qui se manifeste en notre matière depuis la rédaction du Code civil, évolution qui se rattache à la
transformation des idées politiques et sociales, et qui ar-
rivera à produire une modification complète de la puissance paternelle.

En effet, quelque opinion que l'on adopte sur le caractère de cette puissance, on est bien obligé de reconnaître le rôle tout prépondérant que le Code civil accorde
au père, rôle qui lui confère des droits exorbitants comme
l'arrestation par voie d'autorité, qui met vis-à-vis de lui
la mère dans un état d'infériorité absolue et qui laisse à
peu près à sa discrétion la gestion de la fortune de son
enfant, lorsque celui-ci n'est pas en tutelle. Bien plus,
d'après ce Code, le père ne pouvait jamais être dépouillé
de sa puissance, quelque mauvais usage qu'il en fît,
quelque indigne que fût sa conduite. Comme l'a fait remarquer M. Pradines dans l'exposé des motifs de la proposition de loi de M. Roussel. « Dans le Code civil, les
obligations du père n'ont été l'objet d'aucune sanction,
et son autorité a revêtu le caractère d'un droit indélébile qui ne pouvait être atteint par aucune déchéance ».
La jurisprudence tâcha bien de remédier à ce fâcheux
état de choses en s'attribuant ici un droit de contrôle ;
mais ce droit qui ne reposait sur aucun texte était fort
critiquable, à notre avis absolument illégal ; il fallait des
lois pour faire disparaître ces défectuosités du Code civil ; sur certains points elles se sont bien fait attendre ;

mais aujourd'hui, quoique toutes les réformes nécessaires à notre sens ne soient pas encore accomplies, de
grands progrès ont eu lieu ; le législateur a pris résolu-
ment en main la cause de l'enfant, et l'on peut prévoir
le jour où l'arbitraire aura disparu en matière de puissance paternelle.

On a pourtant prétendu que le Code avait eu l'intention de consacrer dans le titre IX le système coutumier,
système dans lequel on considérait la puissance paternelle comme principalement fondée sur l'intérêt de l'enfant, et repousser les traditions des pays de droit écrit
qui appliquaient les règles si rigoureuses de la *patria
potestas* romaine, toutefois légèrement atténuées par le
progrès des mœurs. A notre avis, il est impossible de
savoir à quelle opinion s'est rangé le législateur, et, quand
on consulte les travaux préparatoires de la loi et les discussions qui ont précédé la rédaction de ce titre, tout ce
qu'il en ressort, c'est que chaque système a eu ses partisans et a laissé des traces dans la rédaction définitive.
Le texte est là qui en fait foi. Jusque sur le choix de l'intitulé des divergences se manifestèrent. Emploierait-on
les mots « puissance paternelle » ? Les partisans du droit
coutumier trouvaient l'expression trop forte ; nous voyons
pourtant que c'est elle qui a prévalu ; puis, chose curieuse, on ne la retrouve plus dans tout le reste du titre
qui emploie la qualification plus affaiblie d'autorité. Un
peu plus loin nous retrouvons les mêmes hésitations, le

même manque d'accord. Au premier Consul qui demandait ce qui se passerait si un père ne donnait pas à son
fils une éducation conforme à son rang, Maleville répon-
dit qu'il devait en être de même que chez les Romains
où le magistrat pouvait *cognitâ causâ* ôter l'enfant au
père ou forcer ce dernier à l'émanciper. Et Tronchet ri-
postait : « Le fils n'appartient qu'au père ». Ne résulte-
t-il pas de contradictions aussi flagrantes qu'on ne peut
savoir quel principe général le législateur a entendu consacrer, et que nous, interprète, il faut nous contenter
de suivre le texte à la lettre ? Or, comme nous le verrons,
ce texte parle bien des droits du père, mais ne songe
nulle part à protéger l'enfant.

On a discuté et on discute encore sur le caractère de
la puissance paternelle ; on s'est demandé quel en était
le fondement, si elle était instituée dans l'intérêt du
père de famille ou dans celui de l'enfant. Sans entrer
dans cette discussion, intéressante surtout au point de
vue philosophique, bornons-nous à dire que la puissance
paternelle, telle que nous la concevons, consiste dans
un ensemble de droits et de devoirs. Chacun de ces
droits implique un devoir et réciproquement. Parmi
ces droits, les uns sont purement moraux et dérivent de
la paternité : tels sont les droits au respect et à la reconnaissance, les autres sont purement civils et peuvent
être modifiés par des lois nouvelles, tels sont les droits
de garde et d'éducation. Le Code a bien indiqué les de-

voirs des parents (article 203, titre *Du mariage*) : Les
époux contractent ensemble, par le fait seul du mariage, l'obligation de nourrir, entretenir et élever leurs
enfants — et les devoirs des enfants (article 371, titre *De
la puissance paternelle*) : L'enfant à tout âge doit honneur
et respect à ses père et mère ; — mais il a omis, dans
les deux cas, de donner une sanction. Nous ne verrons
donc là qu'une obligation purement morale. Est-il possible en effet de dire, comme le font certains auteurs,
que l'article 371 interdit à l'enfant toutes actions désho-
norantes contre les auteurs de ses jours ? Pour empêcher l'exercice d'un droit, il faudrait une disposition formelle de la loi. L'article 380 du Code pénal, que les
quelques partisans du système adverse invoquent en
leur faveur, se retourne aisément contre eux. En effet,
il y est dit que le vol entre ascendants et descendants
peut seulement donner lieu à des réparations civiles.
Mais est-ce que l'action en réparation civile d'un vol
n'est pas une action déshonorante ?

De l'idée que nous nous faisons de la puissance paternelle il résulte qu'elle ne peut faire l'objet d'aucune convention. Du reste, quelque opinion que l'on adopte, tout le
monde est sur ce point d'accord ; il y a là une autorité
qui se rattache directement à l'ordre public, et, en la
proclamant inaliénable, nous ne faisons qu'appliquer
l'article 6 du Code civil. Au surplus il y a un texte formel : l'article 1388 du même Code défend aux époux de

modifier les droits résultant de la puissance paternelle dans le contrat de mariage, c'est-à-dire dans le contrat qui est envisagé le plus favorablement par le législateur. La loi qui refusait aux tribunaux le pouvoir de prononcer la déchéance du père indigne ne devait pas permettre au futur père de famille d'abdiquer volontairement les prérogatives qu'elle lui conférerait par la suite. Nous annulerons donc toute convention par laquelle le père renoncerait à tout ou partie de ses droits au profit de sa femme ou d'un tiers, ce tiers fût-il un ascendant. C'est ce qu'a décidé la Cour de cassation (5 mars 1855)(1) qui a annulé l'engagement pris envers le conseil de famille par une veuve qui se remariait, engagement par lequel elle devait se concerter avec l'aïeul paternel sur la direction à donner à l'éducation de ses enfants. Plus délicate est la question de savoir si l'on doit respecter la clause du contrat de mariage par laquelle le père consentirait à ce que les filles soient élevées dans la religion de la mère. On a prétendu que de telles clauses devaient être prises en considération par les tribunaux, et c'est ainsi qu'un arrêt de la Cour de Lyon (25 mars 1873)(2) a admis qu'il y avait dans le refus du mari de laisser baptiser son enfant, une injure grave pouvant entraîner séparation de corps. Nous ne pouvons approuver cet arrêt qui arrivait à tourner la loi puisqu'il avait pour

(1) Dalloz, 1855, 1re partie, 341.
(2) Dalloz, 1874, 5, 445.

résultat d'enlever l'enfant à la direction de son père.
L'article 373 n'est-il pas formel : le père seul exerce la
puissance paternelle durant le mariage. Certes cette
clause en elle-même est fort respectable ; aussi, selon
nous, il y aurait là un point à modifier.

Le principe de l'incessibilité de la puissance paternelle semble recevoir exception avec la tutelle officieuse
qui, d'après le Code civil, ne peut être constituée que
par rapport à un mineur. Or, la constitution de cette
tutelle a lieu avec le consentement des père et mère. Si
les parents conservent en principe la puissance paternelle, ils ne peuvent cependant en exercer les prérogatives qui seraient incompatibles avec les droits appartenant au tuteur officieux. Cette exception qui n'avait
que bien peu d'importance sous l'empire du Code, où
la tutelle officieuse paraissait inconnue dans la pratique,
a pris une grande extension depuis la loi du 24 juillet
1889 ; comme nous le verrons, une semblable tutelle
peut être constituée désormais toutes les fois qu'au cours
d'un procès en déchéance de la puissance paternelle une
personne obtient du tribunal que l'enfant dont les parents ont encouru la déchéance lui soit confié. Le projet
de la Chancellerie avait même été plus loin et créait un
contrat de dessaisissement que les père et mère auraient
passé avec les particuliers ou les associations de bienfaisance. La réforme fut jugée trop radicale et sur la
remarque faite par M. Courcelle-Seneuil qu'il était im-

possible qu'une disposition légale vînt dispenser les
parents de l'obligation qui leur est imposée par l'article 203 du Code civil, on substitua le système beaucoup
plus compliqué de la délégation judiciaire. C'est un point
sur lequel nous reviendrons en faisant le commentaire
de la loi de 1889.

Une question fort intéressante pour nous, étant donné
l'objet de cette thèse, est celle de savoir si la puissance
paternelle appartient aux ascendants. Ici on a construit
une théorie qui, si on l'admet, infirme dans une certaine
mesure ce que nous avons dit relativement au caractère
arbitraire et exclusif de cette puissance. Le père ne serait plus seul à exercer ce pouvoir, et les ascendants en
auraient leur part. Beaucoup d'auteurs admettent en
effet deux puissances, l'une la puissance paternelle proprement dite, *stricto sensu*, serait l'autorité que la loi
accorde aux père et mère sur la personne et sur les biens
de leurs enfants mineurs non émancipés ; l'autre, la
puissance paternelle dans son acception générale, *lato
sensu*, comprendrait tout cet ordre de droits et de devoirs
qui dérivent entre les ascendants et leurs descendants
de leurs qualités réciproques. Telle est la définition que
nous donne M. Demolombe de cette double puissance.
Et, tandis que la première n'appartiendrait qu'aux père
et mère et s'éteindrait avec la majorité ou l'émancipation de leurs enfants, la seconde appartiendrait à tous
les ascendants et n'aurait de terme que leur mort.

Quelles raisons ont donc pu déterminer ces auteurs à admettre une semblable distinction ? C'est qu'il existe dans notre Code et en dehors du titre IX un certain nombre de dispositions éparses qui accordent des droits spéciaux aux ascendants pendant toute la vie de leur enfant, par exemple le consentement au mariage que les fils sont obligés de demander à leurs parents, à défaut à leurs aïeuls, jusqu'à l'âge de 25 ans ou, lorsqu'ils ont dépassé cet âge, le conseil dont ils sont toute leur vie obligés de tenir compte, — l'opposition que peuvent former à leur union les aïeuls lorsque les père et mère sont morts, etc. — A notre avis, ce système repose sur une confusion : il ne s'ensuit nullement que, du fait de détenir un ou plusieurs attributs de la puissance paternelle, on possède cette puissance tout entière ; autrement il faudrait dire, ce que personne n'a jamais soutenu, que le tuteur ou le tiers auquel l'enfant a été confié en vertu du jugement prononçant la séparation de corps ou le divorce est investi de la puissance paternelle puisqu'il a le droit de garde ; que les membres du conseil de famille détiennent ce pouvoir, puisqu'aux termes de l'article 468 ils peuvent exercer le droit de correction. — L'opinion que nous combattons se met du reste en contradiction flagrante avec les textes. Que dit le Code au titre IX ? « L'enfant reste sous l'autorité de ses père et mère jusqu'à sa majorité ou son émancipation, article 372 ». « Le père *seul* exerce cette autorité durant le mariage », ce qui signifie, par l'enchaînement de ces deux textes, qu'au décès du père, la puissance paternelle passe à la mère. A des dispositions si précises il est impossible d'opposer un seul article du Code qui donne directement ou indirectement aux ascendants le droit d'intervenir entre le père et l'enfant. Comme le dit fort bien M. Laurent : « Pour limiter une puissance qui est organisée par la loi dans un intérêt social, ne faut-il pas une loi (1) ? ». Il faut donc conclure que le père seul a la puissance paternelle durant le mariage, qu'à son défaut cette puissance passe à la mère, et qu'elle ne peut appartenir à aucune autre personne. Mais nous repousserons l'argument des auteurs qui adoptent notre solution, argument consistant à dire que les ascendants n'ont pas la puissance paternelle parce que les prérogatives dont ils jouissent ne sont pas de véritables attributs de cette puissance, et qu'il n'y a là que des droits d'une nature particulière. Autrement, ajoutent-ils, comment expliquer que le droit de consentir au mariage appartienne au conseil de famille ou au tuteur *ad hoc* d'un enfant naturel ? Faut-il dire que le conseil ou ce tuteur sont investis de la puissance paternelle ? Nous répondrons qu'il faudrait alors tirer la même conclusion de ce fait que le tuteur ordinaire possède le droit de garde et que le conseil de famille peut exercer le droit de correction ; et pourtant ces deux droits sont rangés par tous ces au-

(1) Laurent, tome IV, n° 268.

teurs parmi les attributs fondamentaux de la puissance
paternelle. Les jurisconsultes qui ont adopté cette manière de voir seraient du reste bien embarrassés pour
nous dire à quels signes distinctifs ils reconnaissent les
véritables attributs de cette puissance. Est-ce parce qu'il
n'en est question qu'au titre IX du Code civil ? mais alors
il ne faudrait pas considérer comme tels le droit d'éducation sur lequel nos lois font silence — et le droit d'administration légale qui n'est réglementé que dans une
seule disposition se trouvant au titre X ; et pourtant tous
ces auteurs rangent ces deux droits parmi les attributs
de la puissance paternelle (Laurent, IV, page 393. Bau-
dry-Lacantinerie, I, page 503). Est-ce parce qu'ils ne
peuvent appartenir qu'aux père et mère ? Pas davantage,
puisque nous venons de voir que les droits de garde et
de correction peuvent être exercés par d'autres personnes que les parents. La vérité est que la loi a sagement
fait de ne pas nous donner une énumération des attributs de la puissance paternelle, parce que le nombre en
est illimité et peut varier sans cesse. C'est ainsi que, postérieurement au Code civil, le Code de commerce a exigé
le consentement des parents pour que l'enfant émancipé
puisse faire le commerce, que ce même consentement
est devenu nécessaire pour entrer dans les ordres sacrés
depuis le décret de 1809, et pour conclure le contrat d'apprentissage depuis la loi de 1851. Pour nous, ce qui constitue le signe caractéristique de la puissance paternelle,

c'est la faculté d'exercer tous les attributs de cette puissance, quels qu'ils soient; or il n'y a que les père et mère à pouvoir remplir cette condition, et il faut une disposition formelle de la loi pour les priver d'une seule de ces prérogatives. Au contraire les ascendants tout comme le tuteur, le tiers gardien, les membres du conseil de famille, ne peuvent jamais détenir que quelques-uns des démembrements de cette puissance, et cela, s'il y a un texte pour les leur attribuer. Comme nous l'avons dit, notre solution est la seule qui respecte les textes. Lorsque les enfants auront atteint leur majorité, conformément à l'article 372 les parents n'auront plus la puissance paternelle ; tout comme les ascendants ils seront réduits à n'en posséder que quelques démembrements.

On a fait une dernière objection à notre manière de voir : La loi du 24 juillet 1889, dit-on, consacre formellement le droit des ascendants puisque, dans son article 1er, elle prononce contre eux, comme contre les père et mère, la déchéance de plein droit de la puissance paternelle. Nous croyons que dans ce texte le législateur n'a nullement eu l'intention de trancher notre question. Il a simplement voulu embrasser dans une formule générale, à notre avis fort défectueuse, les droits qui appartiennent aux père et mère et les droits qui appartiennent aux ascendants. En effet, ces derniers, quelque qualification qu'on leur donne, sont évidemment considérables, et, puisqu'on faisait une loi pour enlever aux

parents indignes les prérogatives qu'ils pouvaient avoir
sur leurs enfants, la même loi, pour que la déchéance
fût complète, devait leur retirer les droits qu'ils pouvaient avoir en leur qualité de grands-parents sur la personne de leurs petits-enfants. Et, poursuivant le même
ordre d'idées, le législateur les rend incapables d'être
tuteurs ou membres d'un conseil de famille. — Remarquons, en tout cas, que la loi de 1889 semble avoir perdu
de vue les ascendants dans ses autres articles, et qu'il
n'en est question ni à propos de la déchéance facultative,
ni à propos de la puissance paternelle.

La question de savoir si les ascendants participent ou
non à la puissance paternelle semble au premier abord
toute théorique : peu importe, dira-t-on, qu'on qualifie
de telle ou telle façon les droits qui leur appartiennent ;
il ne s'agit pas de savoir si ce sont là des attributs de la
puissance paternelle ; le principal, et personne ne conteste ce point-là, c'est qu'ils les exercent. Nous allons
pourtant voir qu'à la discussion précédente se rattache
une grave question qui se présente fréquemment dans
la pratique. Tout d'abord il est bien certain que le père
peut choisir les personnes avec lesquelles il autorise son
enfant à entretenir des relations ; c'est pour lui un droit
sans contrôle : ici tout le monde est d'accord. Mais la
question devient plus grave lorsqu'il s'agit des aïeuls, et
il est facile de voir que, lorsqu'on leur reconnaît la puissance paternelle, on est amené à conclure que le père ne

peut interdire arbitrairement toute communication entre l'enfant et ses grands-parents. C'est ce qu'admet généralement la jurisprudence, qui reconnaît l'existence
d'une puissance paternelle *lato sensu*. Mais dans quelles
conditions les grands-parents verront-ils leurs petits-
enfants? Ici la jurisprudence est hésitante, et, tandis
que la plupart des tribunaux autorisent l'aïeul à visiter
l'enfant soit au domicile paternel, soit dans l'établissement choisi par le père, soit même au domicile de l'aïeul,
d'autres vont beaucoup plus loin, et décident que le
grand-père pourra prendre l'enfant pendant un certain
temps. C'est ainsi que la Cour de Paris (27 juin 1867) (1)
a décidé que la grand'mère garderait son petit-fils chez
elle un jour de sortie sur quatre; bien plus, la même
Cour a permis aux tribunaux dans un autre arrêt (14 août
1869) (2) de partager les vacances de l'enfant entre son
père et sa grand'mère.

Ces divergences ne doivent pas nous étonner dans un
système qui ne s'appuie sur aucun texte. Nous en avons
déjà fait la remarque à propos de la classification des
prétendus attributs de la puissance paternelle. Quand
on n'applique pas les principes dans toute leur rigueur
et qu'on n'obéit pas à la lettre de la loi, on tombe dans
l'arbitraire et toutes les opinions peuvent se faire jour.
Les tribunaux qui ont eu à juger dans les affaires précé-

(1) Dalloz, 1867, 5, 348.
(2) Dalloz, 1869, 2, 238.

dentes ont obéi à des questions de sentiment ; ils ont eu pitié de cette grand'mère à qui on refusait de laisser embrasser son petit-fils, et ils ont cherché ensuite des raisons plus ou moins bonnes pour justifier leurs décisions. « Le législateur, dit l'arrêt de Cassation du 8 juillet 1857 (1), n'entend pas que la puissance paternelle soit absolue et sans contrôle ». Mais dans quel article du Code le législateur a-t-il bien dit cela ? « Attendu, dit la cour d'Aix, que les droits du père de famille ont pour corollaire ses devoirs d'éducateur ; que, parmi ceux-ci, se place au premier rang l'obligation d'inculquer à ses jeunes enfants des sentiments de profond respect et d'affectueuse vénération pour leurs grands-parents ». « Attendu, dit encore la même Cour, dans un autre arrêt du 15 juillet 1869, qu'il ne faut pas permettre que le père néglige les devoirs que cette qualité lui impose ; que, parmi ces devoirs, il convient de placer le soin d'apprendre aux enfants le respect, les égards et l'affection qu'ils doivent aux aïeuls ». Mais tout ceci c'est de la morale, de la théorie pure ! Le législateur aurait sans doute pu consacrer ces principes et leur donner une sanction, mais il n'a pas agi ainsi, et cela concorde entièrement avec l'idée qu'il s'est faite, à notre avis, d'une puissance exclusive et à peu près absolue du père de famille. Il est en effet impossible de citer un texte à l'appui de la solution contraire. Chose curieuse,

_____

(1) Dalloz, 1857, 1, 273.

l'article 371 qu'on invoque confirme notre opinion, puisqu'il ne parle que des père et mère. M. Demolombe se
prévaut alors de l'article 4 qui met le juge dans l'obligation de juger lorsqu'il y a silence de la loi ; mais ici
est-ce bien le cas ? Quel compte tient-on donc de l'article 373 qui dit. « Le père SEUL exerce cette autorité durant le mariage » ? Impossible pourtant d'être plus net.
Puisque la loi ne parle que des père et mère, son silence
relativement aux aïeuls suffit à lui seul pour les écarter.
La loi n'ayant pas établi de contrôle, les tribunaux ne
peuvent intervenir à défaut d'un texte qui leur attribue
ce droit.

Quant aux droits que la loi reconnaît aux aïeuls, tels
que le droit de consentir au mariage, à l'adoption, à
quel titre pourrait-on les invoquer ici, puisqu'ils ne
peuvent les exercer qu'à défaut du père ? Approuvons
donc, dans l'état actuel des textes, les arrêts trop rares
(Cour de Paris, 21 avril 1853 ; Cour de Bordeaux, 13 juin
1860 et 16 juillet 1867) (1) qui ont décidé que le père
jouit d'une autorité souveraine, qu'il n'est pas tenu de
divulguer le motif de ses déterminations, et que les
juges n'ont pas, à défaut d'une loi formelle qui le leur
confère, le droit d'apprécier ces actes de la puissance
paternelle. Certes, nous ne nions pas le caractère rigoureux de la solution que nous adoptons. Comme le

_____

(1) Dalloz, 1854, 5, 622 ; 1861, 2, 92 ; 1868, 5, 340.

dit M. Demolombe, l'exercice de la puissance paternelle
dans ce cas est, envers l'aïeul, infiniment blessant et
pénible, et peut être très douloureux pour l'enfant lui-
même. Mais tout cela est à l'adresse du législateur.
Remarquons que dans tous les jugements et arrêts que
nous venons de citer, la mère était morte et le père se
refusait à laisser voir ses enfants par leurs ascendants
maternels. Peut-être les tribunaux montreraient-ils plus
d'hésitation si le père opposait un tel refus à ses propres parents. Et pourtant, pour être logique, ne faudrait-
il pas donner toujours la même solution ? Du reste, à
tout bien considérer, nous nous demandons si la loi n'a
pas agi sagement en n'accordant aucun droit aux aïeuls ;
la Cour de Bordeaux n'a-t-elle pas eu raison lorsqu'elle
a dit : « L'intervention des tribunaux aurait pour conséquence de rendre les dissentiments de la famille plus
profonds en les livrant à la publicité ». Le père peut avoir
des raisons fort légitimes pour que ses enfants ne voient
pas leurs grands-parents. Si on admet l'intervention des
ascendants, forcément l'autorité paternelle sera scindée
et n'est-ce pas contraire à l'intention du législateur de
1804 qui n'admet pas ce partage même en faveur de la
mère ? Quelque adversaire que nous soyons de l'arbitraire du père de famille, nous trouvons cependant ce
concours dangereux, et nous n'admettrions ici le contrôle des tribunaux, appuyé sur un texte, que dans le
cas où le père refuse de laisser voir ses enfants à leurs

grands-parents maternels et que la mère vivante est
d'un avis contraire.

Une quadruple conclusion se dégage de ces notions
préliminaires. Nous ne rechercherons pas si la décision
du législateur est à l'abri de toute critique. Pour le moment bornons-nous à constater que le Code de 1804 entend accorder la puissance paternelle exclusivement au
père et ne prévoit pas d'hypothèse dans laquelle les tribunaux aient le droit de la contrôler, à plus forte raison
de la lui retirer ; qu'en troisième lieu la mère peut, dans
des cas exceptionnels, exercer cette puissance qui ne lui
passe alors que fortement amoindrie, ce qui ne doit pas
nous étonner avec les idées du législateur d'alors sur la
condition juridique de la femme ; qu'enfin l'autorité
paternelle ne peut appartenir à aucune autre personne,
sans qu'il soit possible de faire exception en faveur des
ascendants. Tels étaient les principes dans toute leur rigueur, mais nous verrons qu'une évolution s'est pro-
duite en cette matière et que de nombreuses lois postérieures au Code sont venues faire échec au pouvoir
absolu du père de famille.

CHAPITRE PREMIER

DES ATTRIBUTS DE LA PUISSANCE PATERNELLE.

Après avoir exposé ces notions générales sur la puissance paternelle, nous allons conformément au programme que nous nous sommes tracé, dire seulement quelques mots des attributs de cette puissance. Nous nous attacherons surtout à démontrer que le Code abandonne l'exercice de ces droits à peu près à la discrétion du père et que la mère, au cas où elle les possède, ne les détient jamais avec la même plénitude ; ce qui confirmera deux des principes que nous venons d'énoncer.

Parmi ces attributs, les uns sont relatifs à la personne de l'enfant, les autres à ses biens.

SECTION I. — Droits relatifs à la personne.

Ces droits comprennent le droit de garde et le droit de correction.

§ 1. — Droit de garde.

Ce droit permet au père de famille de remplir son devoir d'éducation. « L'enfant ne peut quitter la maison

paternelle sans la permission de son père, article 374 ».
Tel est le principe. Et il faut assimiler à la maison paternelle tout pensionnat ou même toute maison particulière dans laquelle l'enfant aurait été placé par son
père. La force armée est à sa disposition pour contraindre l'enfant récalcitrant, et il pourra revendiquer son
fils contre un tiers qui le retiendrait de gré ou de force.
Qu'arrivera-t-il si l'enfant quitte la maison paternelle
parce qu'il y est maltraité ? On a jugé (Caen, 31 décembre 1811) (1) qu'une fille mineure qui, après avoir dé-
serté la maison paternelle pour cause de mauvais traitements, ne s'est pas tout d'abord adressée à la justice,
doit y être réintégrée. Les tribunaux seuls auraient donc
un droit de contrôle. Mais, comme nous le verrons plus
tard, ce droit de contrôle ne repose sur aucun texte, et
n'est-ce pas précisément le cas ici ? Le Code a consacré
pour la femme la séparation de corps, qui entraîne séparation d'habitation. Au contraire, il n'a pas donné de
moyen de déroger à la disposition de l'article 374. Son
silence n'est-il pas significatif ? Aujourd'hui nous aurions
un remède à cette situation, au moins dans la plupart
des cas, avec la loi de 1889. — Lorsque la mère exerce
le droit de garde, elle le détient dans les mêmes conditions que le père.

(1) Voir Dalloz au mot *Puissance paternelle.*

§ 2. — Droit de correction.

Voilà un droit extrêmement rigoureux et qui peut avoir les plus graves conséquences pour l'enfant. Le passage dans une maison de correction ou une colonie pénitentiaire n'est certes pas une bonne note, et si heureusement la plupart des pères qui ont recours à ce moyen n'agissent ainsi que parce qu'ils ont affaire à des sujets exceptionnellement vicieux, n'est-il pas à craindre cependant que certains d'entre eux abusent de leur autorité et ne se laissent aller à des mesures qui peuvent compromettre l'avenir de ceux que la nature leur a confiés. En tout cas le contrôle de la justice ne serait nullement gênant pour les pères de famille qui croient par là agir au mieux des intérêts de leurs enfants.

Et tout d'abord quelle est l'étendue de ce pouvoir ? Un père peut-il aujourd'hui infliger des châtiments corporels à ses enfants ? Le Code a gardé le silence sur ce point et ce silence ne doit pas nous étonner. A l'époque où nos lois ont été rédigées, ces sortes de punitions étaient universellement tolérées ; elles étaient d'un usage courant à l'école ; le Code a donc entendu les respecter. Aussi a-t-on été jusqu'à prétendre (Arrêt de cassation, 17 décembre 1819) (1), et peut-être non sans raison au point de vue légal, que l'exercice du droit de correction ne pouvait donner lieu contre les père et mère à des pour-

(1) Voir Dalloz au mot *Puissance paternelle.*

suites criminelles par lesquelles ce droit se trouverait neutralisé. Aujourd'hui doit-il en être de même ? L'usage des châtiments corporels a été expressément interdit aux instituteurs.. Il nous semble qu'il devrait en être de même dans la famille. « A plus forte raison, dit M. Laurent, les père et mère ne doivent pas se livrer à des actes de brutalité qui abrutissent les enfants au lieu de les moraliser (1) ». Cependant, comme il n'y a pas de texte, les tribunaux ferment les yeux et se contentent aujourd'hui de prononcer la déchéance de la puissance paternelle, conformément à la loi du 24 juillet 1889, lorsque ces mauvais traitements sont de nature à compromettre la santé des enfants. Le 17 décembre 1891, MM. Engerand et Leydet ont présenté à la Chambre des députés une proposition de loi qui modifie le système du Code pénal en matière de coups et blessures par une assimilation faite entre la protection due aux enfants et descendants et celle que l'article 312 accordait déjà aux ascendants ; de plus, les père et mère qui se seraient rendus coupables de ces actes de cruauté, seraient interdits de toute tutelle, curatelle et toute participation aux conseils de famille pour une durée de 5 à 10 ans et seraient en outre privés des droits qui leur sont accordés sur les biens de leurs enfants par le titre IX du Code civil.

Le droit de correction proprement dit consiste dans

(1) Laurent, tome 4, n° 275.

la détention de l'enfant qui peut avoir lieu sur la demande du père. En principe, il lui suffit de demander au président du tribunal un ordre d'arrestation que celui-ci est obligé de délivrer sans pouvoir contrôler les motifs du père et sans que le père soit obligé de les faire connaître. On dit alors qu'il agit *par voie d'autorité*. Dans cette hypothèse, le temps de la détention ne peut excéder un mois. Au contraire, dans certains cas limitativement déterminés, il ne peut agir que *par voie de réquisition*, c'est-à-dire qu'il doit s'adresser au président du tribunal qui, après en avoir conféré avec le procureur de la République, délivrera l'ordre d'arrestation ou le refusera. Ces cas sont au nombre de quatre . 1° *Si le père est remarié*. La loi craint l'influence de la seconde épouse. Le père remarié qui a perdu sa deuxième femme ou qui a divorcé recouvre-t-il le droit de faire détenir son enfant par voie d'autorité ? Nous le croyons, car on n'est plus dans les termes de la loi. De plus l'influence de la femme n'est plus à craindre. 2° *Si l'enfant a plus de 16 ans*. 3° *Si l'enfant a des biens personnels*. 4° *S'il exerce un état*. Le tribunal prononcera la détention qui ne pourra jamais excéder six mois. Dans tous les cas le père peut pardonner et abréger la durée de la détention. Remarquons que l'enfant n'a aucune voie de recours lorsque le père agit par voie d'autorité. Au contraire, lorsque c'est le tribunal qui prononce la détention, il peut adresser un mémoire au procureur général près la cour d'appel qui peut modifier l'ordre délivré par le président du tribunal.

Le Code a placé la mère quant à l'exercice du droit de correction, lorsque ce droit lui passe, sur un pied manifeste d'infériorité. Non remariée, elle ne peut jamais faire détenir l'enfant que par voie de réquisition, et de plus la loi exige le concours des deux plus proches parents paternels. Nous n'approuvons certes pas le droit de détention par voie d'autorité ; il y a là, ce nous semble, quelque chose d'exorbitant dans notre législation ; mais pourquoi si on accordait ce droit au père, le refuser à la mère ? Les raisons qu'on donne de cette distinction ne sont-elles pas des plus subtiles ? La mère, dit-on, est plus faible que le père. Mais alors, répondrons-nous, c'est une raison de plus pour qu'elle n'ordonne cette arrestation qu'à la dernière extrémité. Elle est plus accessible aux influences étrangères, plus prompte à céder à des résolutions irréfléchies. Nous savons tous pourtant que la mère est la plus indulgente et que, si elle punit c'est qu'elle y est contrainte et forcée. — Si elle est remariée, elle ne peut plus faire détenir l'enfant de son premier lit, bien qu'elle conserve l'autorité paternelle. Mais ce n'est pas à dire que l'enfant ne pourra être détenu ; le tuteur portera dans ce cas ses plaintes au conseil de famille qui l'autorisera, s'il y a lieu, à provoquer la réclusion du mineur. Ici on comprend davantage les précautions du législateur ; le second mari pourrait en effet exercer une influence néfaste que la mère serait peut-être impuissante à combattre. Si la mère remariée perd son second mari ou divorce, nous donnerons par identité de motifs la même solution que lorsque le père a perdu sa seconde femme. — Quand la mère exerce par exception la puissance paternelle durant le mariage, par exemple en cas d'absence du mari, on s'est demandé si elle pouvait exercer le droit de correction par voie d'autorité, l'article 381 ne parlant que de la mère survivante. On pourrait dire que, remplaçant le père, elle doit avoir les mêmes droits que lui. Mais cela ne serait-il pas contraire aux intentions du législateur qui, comme nous l'avons dit, n'entend pas accorder à la femme les mêmes droits qu'au mari.

SECTION II. — **Droits relatifs aux biens.**

Aux termes de l'article 389, le père est, durant le mariage, administrateur personnel des biens de ses enfants mineurs. Il est comptable, quant à la propriété et aux revenus, des biens dont il n'a pas la jouissance, et, quant à la propriété seulement, de ceux des biens dont la loi lui donne l'usufruit. — Et voilà tout ce que dit la loi d'une fonction qui peut avoir des conséquences si graves pour l'enfant ! Le père pourra-t-il seulement accomplir les actes d'administration ou au contraire les actes de dis-

position? Notre législateur garde le silence sur ces différents points. Toujours est-il qu'en l'absence de texte
les biens du père ne sont pas grevés d'une hypothèque
légale et qu'il n'y a ni subrogé tuteur, ni conseil de famille, quoi qu'en aient dit certains auteurs : le conseil
de famille ne peut avoir d'existence légale durant le mariage. Il nous semble même que la loi ne réclame pas
l'autorisation du tribunal. Cependant la plupart des auteurs l'exigent. Mais, comme le dit M. Laurent, c'est la
nécessité, c'est-à-dire l'intérêt de l'enfant, qui a conduit
les interprètes à règler ce que le législateur aurait dû
faire. La loi de 1880 n'a pas compris le père, comme administrateur légal, parmi les personnes qui doivent se
conformer à ses dispositions relativement à l'aliénation
des valeurs mobilières d'un mineur. Cette omission n'a-
vait eu lieu que sur l'engagement pris par le gouvernement de présenter un projet de loi pour la réglementation générale des pouvoirs du père administrateur.
Désormais le père administrateur ne pourrait plus faire
aucun acte excédant l'administration des biens des enfants mineurs sans recourir à une autorisation de justice,
et l'aliénation des valeurs mobilières prévues par la loi
de 1880 rentrerait dans ces actes excessifs. De plus le
père pourrait être déchu et destitué. — M. Cazot, ministre
de la justice, à bien présenté un projet le 26 novembre 1881 ; de même M. Bisseuil a déposé une proposition de loi le 13 décembre 1881. Mais on en est resté là

et aucune loi sur ce sujet n'a encore été votée. Pourtant une réforme s'impose ; elle est dans l'ordre des choses et on ne peut que regretter que la Chambre des députés ne l'ait pas adoptée.

Avec l'administration le père a l'usufruit légal, c'est-à-dire la jouissance des biens de ses enfants jusqu'à l'âge de 18 ans accomplis ou jusqu'à l'émancipation si elle a eu lieu avant.

Si l'enfant perd son père ou sa mère, la loi a cru devoir attacher des garanties sérieuses à la gestion de sa fortune. L'enfant est alors en tutelle ; il y aura donc une hypothèque légale sur les biens du tuteur, un subrogé-tuteur et un conseil de famille, et il faudra l'homologation du tribunal dans tous les cas déterminés par la loi. — Le survivant des père et mère est de droit tuteur légal, mais ici encore le droit de la mère est bien inférieur à celui du père ; le père peut en effet toujours nommer à la mère survivante et tutrice un conseil spécial sans l'avis duquel elle ne pourra faire aucun acte relatif à la tutelle. — Si elle se remarie, elle devra, avant l'acte de mariage, convoquer le conseil de famille qui décidera si la tutelle doit lui être conservée. A défaut de cette convocation elle perdra la tutelle de plein droit. Enfin, dernière différence avec le père et toujours au désavantage de la mère, elle perd l'usufruit légal lorsqu'elle vient à contracter un second mariage.

*Jurisprudence suivie en matière de puissance paternelle
avant la loi du 24 juillet 1889.*

Telle est d'après le Code civil la puissance paternelle
considérée dans son ensemble. Nous avons pu voir par
cet exposé rapide que le père la détient exclusivement
pendant le mariage et qu'il faut la mort de la mère pour
que la loi songe à donner des garanties à l'enfant. Si le
père de famille est un honnête homme, il n'y a pas grand
danger à cette omnipotence. Mais il n'en est malheureusement pas toujours ainsi et il se présente journellement
des parents indignes, abusant de leur autorité pour ac-
cabler leurs enfants de mauvais traitements ou les corrompre. La situation était surtout périlleuse avant la
promulgation de la loi du 24 juillet 1889 qui nous semble avoir remédié à ce fâcheux état de choses, tout au
moins dans les cas les plus intéressants. Si les faits re-
prochés aux père et mère constituaient un crime ou un
délit, le ministère public pouvait toujours intenter un
procès devant les tribunaux, et, s'il y avait condamnation, les enfants étaient soustraits pendant le temps de
la peine à la garde de leurs parents. Mais la condamnation purgée, les malheureuses victimes retombaient sous
la domination de leurs tyrans. Puis il pouvait toujours
se présenter ceci : les mauvais traitements qu'on repro-
chait aux parents n'étaient pas suffisants pour caractériser le délit de coups et blessures. N'y avait-il pas dans
la loi quelque disposition particulière permettant alors

de retirer au père sinon toute son autorité, tout au moins quelques-uns des attributs de sa puissance, par exemple le droit de garde, donnant en un mot aux tribunaux le droit de contrôler le pouvoir paternel et de le retirer partiellement lorsqu'il en était fait mauvais usage? Nous ne trouvons dans le Code aucune réponse à notre question ; il faut bien constater qu'il y a lacune sur ce point. Les partisans de l'intervention judiciaire sont obligés eux-mêmes de le reconnaître. « Mais il n'y a pas de texte, dit M. Demolombe ; comment faire? Nous ferons comme nous pourrons. Mais il faut absolument, je le répète, que nous en venions là » (1). Singulière manière d'entamer une discussion juridique ! — « Du reste est-il possible, ajoute-t-on, que notre législateur ait entendu laisser l'enfant sans protection. La puissance paternelle est une puissance essentiellement protectrice ; elle ne peut donc devenir un instrument de démoralisation. S'il y a lacune de la loi, c'est aux tribunaux à intervenir ». Mais avec une telle argumentation ne faudrait-il pas décider que toutes les fois que le législateur aurait négligé de se prononcer sur un point, les tribunaux pourraient réparer cette omission, en invoquant l'intérêt public ? Un tel système serait le renversement de toutes nos institutions. Qu'il en fût ainsi sous l'ancien régime, à cela rien d'étonnant ; les Parlements intervenaient en effet dans notre matière et ils le pouvaient parce qu'ils s'étaient arrogé

(1) Demolombe, tome 6, n° 366.

des droits que ne possèdent plus nos magistrats d'à-présent. Il y a maintenant le Code qui enlève aux tribunaux tout pouvoir discrétionnaire.

Certes nous ne nions pas que le contrôle judiciaire soit infiniment plus raisonnable et qu'il y ait iniquité à laisser des enfants à la garde d'un père qui les démoralise ou les maltraite ; mais ces reproches s'adressent au législateur. Toute la question est de savoir quel système il a entendu consacrer. Or le silence qu'il garde sur ce point n'est-il pas un signe caractéristique ? Comme nous l'avons dit, la femme qui est maltraitée par son mari peut toujours demander la séparation de corps qui entraîne séparation d'habitation. Pourquoi le législateur, s'il avait voulu enlever le droit de garde au père indigne, n'aurait-il pas édicté une disposition analogue ? On dit alors que la loi étant insuffisante, il faut appliquer l'article 4 du Code civil qui ordonne aux tribunaux de juger. Mais est-ce bien ici le cas ? La loi a pris le soin de nous dire quand la puissance paternelle cesse (art. 372), quand le père en est déchu (art. 335 du Code pénal); le juge n'a donc qu'à l'appliquer à la lettre. Du reste quand la loi veut donner un pouvoir discrétionnaire aux juges, elle a le soin de le dire expressément, et c'est ce qu'elle a fait dans l'article 302 du Code civil.

« Mais, ajoute-t-on, ne ressort-il pas manifestement des discussions qui ont précédé la rédaction de notre Code et de certaines dispositions de la loi, notamment

des articles 267 et 302, que l'intention du législateur
était de ne pas laisser la puissance paternelle sans contrôle et de prendre en considération, avant tout, l'avantage de l'enfant? Les articles que nous venons de citer
donnent en effet aux tribunaux le pouvoir de confier la
garde de l'enfant soit à l'époux contre lequel le divorce
a été prononcé, soit même à une tierce personne, et cela,
dit la loi, *pour le plus grand avantage de l'enfant*. Faut-il
donc décider que les tribunaux ne peuvent accorder leur
protection aux enfants qu'à la condition expresse que
leurs parents soient engagés dans une instance en séparation de corps ou en divorce? Un tel résultat serait ini-
que. Il y a là des dispositions qui doivent être généra-
lisées comme contenant l'application d'une règle générale
que voulait poser le législateur ». Il est facile de constater qu'un tel raisonnement contient une véritable pétition de principe, car la question est précisément de
savoir si les articles 267 et 302, inscrits au titre du divorce, peuvent être étendus en dehors du cas spécial
pour lequel ils ont été écrits ou s'ils ne constituent pas
plutôt des dispositions exceptionnelles. Or remarquons
qu'ici l'analogie fait défaut. Il en est de même pour l'article 444 du Code civil qui a été également invoqué. Cet
article exclut de la tutelle et permet de destituer, s'ils
sont en exercice, les gens d'une inconduite notoire et
ceux dont la gestion atteste l'incapacité ou l'infidélité.
Il y a là, dit-on, une disposition applicable au père tu-

teur après la dissolution du mariage, puisque le législateur n'y établit pas de distinction. Donc il faut l'étendre au père même pendant la durée du mariage, *par une sorte d'application utile* ainsi que le dit M. Demolombe. Comme tout à l'heure nous répondrons que cet article écrit en vue de la tutelle ne saurait s'appliquer à notre hypothèse. En effet la situation du père tuteur ne doit-elle pas être plus favorable que celle d'un étranger puisqu'il cumule les droits de la tutelle avec ceux de la puissance paternelle? D'ailleurs, en appliquant cet article à la lettre, il faudrait dire que les tribunaux, de même qu'ils ont le droit d'exclure le tuteur indigne, peuvent prononcer la déchéance complète du père, ce qu'ils n'ont jamais eu la prétention de faire en dehors de l'article 335 du Code pénal. Car remarquons que si la jurisprudence alla jusqu'à retirer à des pères et mères la garde de leurs enfants en se fondant sur le simple intérêt de ceux-ci (tribunal de la Seine, 15 décembre 1869 ; Caen, 27 juillet 1875) (1), elle n'osa jamais prononcer la déchéance complète de la puissance paternelle. Elle mettait même grand soin à démontrer que les restrictions qu'elle apportait à cette puissance n'équivalaient pas à la déchéance (Arrêt de la Chambre des requêtes, 3 mars 1856) (2) et elle reculait devant toutes les consé-

(1) Dalloz, 1869 ; 3ᵉ partie, 104, 1877 ; 1ʳᵉ partie, 61.

(2) Dalloz, 1856, 1, 290. « Attendu, dit cet arrêt, que si l'arrêt attaqué a refusé à la mère le droit de surveillance dont elle demandait qu'il lui fût

quences du système de Vazeille qui, assimilant complètement la tutelle à la puissance paternelle, décidait que
le père indigne d'exercer cette puissance n'en devait
conserver aucune sorte de droits ou de bénéfices. Et
pourtant ce dernier système était peut-être plus logique !

Quand à l'intention qu'auraient eue les rédacteurs du
Code civil d'accorder aux tribunaux un pouvoir de contrôle, nous voudrions bien savoir où elle s'est manifestée;
dans les travaux préparatoires on ne trouve à ce sujet
qu'une interrogation posée par le premier consul, interrogation qui est restée sans réponse. On ne peut donc
que s'en rapporter au texte de la loi qui est fort clair ;
or il parle bien des droits du père, mais il n'établit aucune sanction. Lorsque la loi veut établir un contrôle,
même en matière de puissance paternelle, elle prend
pourtant soin de le dire (art. 382. — L'enfant détenu
pourra adresser un mémoire au procureur général près
la Cour d'appel, etc.).

Avec le système que nous combattons on devait se
heurter à mille difficultés dans la pratique. Après avoir

---

fait réserve, et celui de communiquer avec ses enfants, il faut entendre cette
restriction aux droits de la puissance paternelle, seulement en ce qui concerne l'immixtion de la mère destituée de la tutelle pour cause d'inconduite
notoire dans l'éducation des enfants, *et que cette restriction ne va pas jusqu'à lui enlever*, comme le suppose à tort le pourvoi, *les autres droits inhé-
rents à la puissance paternelle,* tels que celui de donner ou de refuser son
consentement au mariage et à l'adoption de ses enfants, où le droit de les
émanciper ».

autorisé les tribunaux à enlever le droit de garde aux
parents, la jurisprudence devenait hésitante lorsqu'il
s'agissait de savoir quels attributs de la puissance paternelle les père et mère devaient conserver, et il n'en
pouvait être autrement dans un système construit en
dehors des textes. Généralement on admettait qu'on ne
pouvait pas retirer aux parents le droit de consentir au
mariage ou à l'adoption de leurs enfants, même de les
émanciper. Quant au droit de correction il n'y avait plus
le même accord. Certains auteurs le considéraient comme une dépendance du droit de garde. M. Demolombe,
au contraire, ne voit pas pourquoi les tribunaux retire-
raient nécessairement ce droit au père qu'ils ont dépouillé
des droits de garde et d'éducation. Mais ne voit-on pas
que toutes ces distinctions ne reposent sur aucune considération juridique ? Puis qui intentera l'action pendant le mariage ? La mère, dira-t-on. Que devient alors
l'article 373 qui lui refuse l'exercice de la puissance paternelle tant qu'elle est en puissance de mari ? On invoque, il est vrai, l'article 203 d'après lequel les époux
contractent *ensemble* l'obligation de nourrir, entretenir
et élever leurs enfants, en donnant au mot « ensemble »
le sens de « l'un envers l'autre ». Mais ne dénature-t-on
pas ainsi la signification de cette expression qui nous
paraît vouloir dire comme dans le langage usuel « l'un
et l'autre » ? Dès lors ce texte ne peut plus être utilisé ;
or il n'y en a pas d'autre donnant à la mère un droit

d'action. L'intérêt moral qu'elle peut avoir à l'exécution de l'obligation imposée par l'article 203 ne saurait suffire ; car dans notre droit il faut un intérêt pécuniare pour ouvrir le droit d'action, et la mère n'en a pas. D'ailleurs, en refusant ce droit à la mère, l'intention du législateur a été louable ; un procès entre mari et femme ne pouvait être que funeste à la paix du ménage. Quant à intenter une action en séparation de corps ou en divorce pour ce motif, les tribunaux ne pourraient faire droit à sa demande ; ce serait un moyen trop facile d'éluder la loi. — A défaut de la mère certains auteurs veulent mettre en mouvement le ministère public ; mais en matière civile le ministère public n'a d'action que dans les cas très rares prévus spécialement par un texte ; or ici il n'y en a pas. Et n'est-ce pas avec intention que le législateur a agi de la sorte ? Si les membres du parquet avaient cette attribution que nous leur refusons, il y aurait là un véritable danger pour la paix sociale ; les enquêtes auxquelles ils seraient obligés de se livrer sur les dénonciations faites par les voisins des père et mère, dégénéreraient en un véritable droit d'inquisition et violeraient le secret des ménages. — Quant au conseil de famille, il ne peut y en avoir puisque les parents vivent. — Puis à qui confiera-t-on l'enfant ?

Ce sera le bon plaisir du juge qui tranchera toutes ces questions, et il ne peut en être autrement dans un système qui n'est basé que sur l'arbitraire. Certes l'opinion que nous embrassons présentait les inconvénients les plus graves dans la pratique, mais encore une fois c'est au législateur et non au juge qu'il appartient de combler les lacunes du Code. En 1804, les rédacteurs de nos lois jugèrent bon de confier la puissance paternelle exclusivement au père : on devait s'incliner. Depuis une évolution s'est accomplie et une réforme était devenue nécessaire. Le législateur l'a si bien compris qu'il nous a donné la loi du 24 juillet 1889 pour remédier aux situations les plus intéressantes. La meilleure preuve que la jurisprudence antérieure à cette loi était arbitraire, c'est que les tribunaux eux-mêmes le reconnaissent maintenant : « Que jusqu'ici il est vrai, dit la Cour de Poitiers dans un arrêt du 21 juillet 1890 (1), la loi faisant défaut, les tribunaux s'étaient arrogé le droit nécessaire d'enlever aux père et mère les attributs de la puissance paternelle dans la mesure que commandait l'intérêt de l'enfant, mais que la loi de 1889 a substitué un droit positif *au droit arbitraire* ainsi détruit par la jurisprudence de cet intérêt lui-même ».

(1) Dalloz, 1891, 2, 73.

CHAPITRE II

MODIFICATIONS APPORTÉES PAR LE CODE A L'EXERCICE DE
LA PUISSANCE PATERNELLE.

La puissance paternelle, que selon notre opinion le
Code confie au père exclusivement et sans contrôle durant le mariage, devait subir nécessairement des modifications à la suite de certains événements qui transfor-
ment la condition du père, ou lorsque le lien conjugal
est rompu. C'est l'étude de ces différentes modifications
apportées par le code à l'exercice de la puissance paternelle qui va faire l'objet de ce chapitre.

Une considération générale nous facilitera la solution
de la plupart des difficultés que soulève cette délicate
matière. Le Code, avons-nous dit, confie exclusivement
au père l'exercice de la puissance paternelle. Tel est le
principe. Donc, à défaut d'un texte, nous devrons laisser
au père cette puissance dans toute sa plénitude. Si, au
contraire, nous avons une disposition de la loi retirant
au père un seul ou quelques-uns des attributs de son autorité, nous interpréterons restrictivement cette disposition, et nous laisserons au père l'exercice de toutes les
prérogatives qui ne lui auront pas été enlevées.

§ 1. — Modifications en cas de divorce ou de séparation de corps des parents.

Nous abordons ici une question grosse de difficultés. Ces difficultés proviennent de ce que, en traitant de la puissance paternelle, le Code n'a eu en vue que l'hypothèse du mariage ou sa dissolution par la mort de l'un des époux. Dans tout le titre IX nous ne trouvons qu'une seule disposition relative au cas de divorce, et qui a trait à l'usufruit légal : c'est l'article 386. Quant au titre du divorce modifié par les lois des 27 juillet 1884 et du 18 avril 1886, il ne contient que quelques mesures générales sur la garde des enfants.

En ce qui concerne la séparation de corps la question nous semble plus facile, quoique la solution à laquelle nous nous rallions ne soit pas adoptée par la majorité des auteurs. L'article 373 « le père seul exerce cette autorité *durant le mariage* » nous semble pourtant formel. En effet le lien conjugal subsiste après le jugement de séparation de corps. Or remarquons que les mêmes auteurs qui invoquent les termes de cette disposition pour modifier la puissance paternelle après la prononciation du divorce, parce qu'il y a rupture du lien conjugal et qu'on n'est plus dès lors *durant le mariage*, refusent d'appliquer ce texte à la lettre lorsqu'il s'agit de la séparation de corps. Un tel raisonnement ne manque-t-il pas de logique ? Pour défendre leur solution ces auteurs invoquent des considérations morales : « Il est facile de comprendre, disent-ils, pourquoi le législateur a attribué l'exercice de la puissance paternelle au père seul durant le mariage ; c'est que l'influence du père sera contre-balancée par celle de la mère ; dès lors son omnipotence n'est pas à craindre. Ici, au contraire, les époux ne vivent plus ensemble ; la famille étant modifiée, il doit en être de même de la puissance paternelle. D'ailleurs le Code civil lui-même y apporte des changements puisqu'il confie la garde des enfants à l'un ou à l'autre des époux ». Nous verrons un peu plus loin que l'application des articles 302 et 303 à la séparation de corps était fort discutable sous l'empire du Code. Mais, même en admettant que cette extension fût légitime, faut-il conclure, de ce que la mère peut avoir le droit de garde et de ce qu'elle a dans tous les cas un droit de surveillance, que la puissance paternelle soit en elle-même modifiée ? La situation ne nous semble pas avoir tant changé qu'on veut bien le dire, car pendant le mariage l'influence de la mère n'est-elle pas purement morale ? Nous avons déjà dit qu'il nous semble impossible de lui accorder le droit d'intenter une action contre son mari ou de demander la séparation de corps parce que des divergences se sont élevées sur l'éducation des enfants.

Pour le divorce, nous en convenons, la question est beaucoup plus difficile ; l'article 373 ne donne la puis-

sance paternelle au père que « *durant le mariage* » ; or
après la prononciation du divorce le lien conjugal est
rompu. Si l'on prend ces mots comme synonymes de
« *durant la vie du père* », la question se trouve bien sim-
plifiée ; et cette acception devient très vraisemblable lorsqu'on lit avec attention l'article 384. « Le père, *durant
le mariage*, et, après la dissolution du mariage, *le survivant des père et mère...* » Quoique le divorce fût consacré par le Code de 1804, il semble que notre législateur
l'ait perdu de vue dans le titre qui nous occupe. Toutefois nous reconnaissons que cette argumentation est
subtile ; aussi bien des opinions ont-elles été émises à
ce sujet.

En premier lieu on a dit que les droits de puissance
paternelle devaient être confiés à la personne qui a la
garde des enfants. Ce système est celui que nous voudrions voir consacré par le législateur, tout au moins
en ce qui concerne les époux, mais il nous semble inadmissible dans l'état actuel des textes. Il est en effet impossible de confier la puissance paternelle tout entière
au tiers gardien ; ce tiers ne pourrait exercer le droit de
correction sans violer manifestement les articles 375 et
381. Puis, en accordant cette autorité à la mère ou au
gardien, on ferait encourir au père une véritable déchéance de la puissance paternelle ; or la loi de 1889 a
énuméré limitativement les cas dans lesquels cette déchéance peut être encourue, et il n'y est question nulle

part du divorce. D'ailleurs cette opinion conduit à des
résultats bizarres : en effet, il peut arriver qu'un enfant
en bas-âge soit d'abord remis à la mère qui a perdu son
procès ; le père devra reprendre ses droits lorsque l'enfant n'aura plus besoin des soins maternels ; faudra-t-il
décider que la puissance paternelle passera de l'un des
époux à l'autre ?

Dans une seconde opinion, professée par M. Laurent,
le mari et la femme exerceraient tous deux la puissance
paternelle après la prononciation du divorce. On tire argument des termes de l'article 303 : « Quelle que soit la
personne à laquelle les enfants seront confiés, les père
et mère *conserveront* respectivement le droit de surveiller l'entretien et l'éducation de leurs enfants. » — « Le
mot *conserver*, dit M. Laurent, implique qu'il n'y a rien
de changé aux droits des père et mère, donc qu'ils conservent la puissance paternelle (art. 373). Mais est-ce à
dire qu'il n'y ait rien de changé à l'exercice de la puissance paternelle après le divorce ? L'article 373 dit que
le père seul exerce cette puissance pendant le mariage.
Cet exercice exclusif attribué au père ne se conçoit plus
quand le mariage est dissous par le divorce et il n'a plus
de raison d'être. Après la dissolution du mariage toute
prééminence du mari cesse, et, en vertu de l'article 372
chacun des époux se trouve avoir des droits égaux (1) ».
Ce système nous semble inacceptable sous l'empire du

(1) Laurent, tome 3, n° 294.

Code de 1804 qu'interprète M. Laurent. Lui, d'habitude
si fidèle au texte, nous semble ici s'en être écarté. Où est-
il dit dans le Code que c'est parce que le père a la puissance maritale qu'il a seul l'exercice de la puissance paternelle? Ne voyons-nous pas la prééminence du mari
s'exercer même après la dissolution du mariage? Est-ce
que la mère peut exercer le droit de correction dans les
mêmes conditions que le père? Et la tutelle légale lui
appartient-elle avec la même plénitude? Puis n'est-il
pas visible, qu'avec l'opinion que nous combattons,
le divorce va devenir pour la femme une source de pouvoirs plus importants que le mariage? Ce système donnerait du reste naissance à une foule de difficultés dans
la pratique, et M. Laurent est lui-même obligé de le reconnaître lorsqu'il confie le droit de correction à celui
des époux qui a la garde. Cette concession n'est-elle pas
des plus compromettantes ? — Remarquons qu'actuellement, sous la poussée des idées, une évolution se pro-
duit en matière de séparation de corps et de divorce
tout comme en matière de puissance paternelle. Cette
évolution s'était déjà manifestée lors de la discussion de
la loi de 1884. L'article 230 (la femme pourra demander
le divorce pour cause d'adultère de son mari) témoigne
des tendances que nos législateurs modernes ont à iden-
tifier la condition du mari et de la femme au point de
vue juridique. Ces tendances viennent de s'accentuer
d'une manière plus formelle avec la nouvelle loi votée

par le Sénat qui consacre la liberté de la femme en matière de séparation de corps. Malheureusement jusqu'ici
il n'a pas été question des enfants, et, tant que nous
n'aurons pas un texte sur ce sujet, nous ne pourrons
que nous en tenir à la lettre du Code.

Pour nous la puissance paternelle ne peut appartenir
qu'à un seul et, puisqu'il faut choisir, ce doit être le
père. Notre théorie concorde avec l'idée que s'est faite
le législateur de cette autorité. Elle est logique, car,
comme nous l'avons dit au début de cette thèse, la
puissance paternelle est une réunion d'attributs, et les
atteintes portées aux uns n'excuseraient pas les atteintes
portées aux autres. Enfin elle est conforme aux textes :
en effet est-il possible, en présence des articles 148 et
477, d'accorder à la mère les droits de consentir au mariage et à l'émancipation de ses enfants, lorsque le père
existe encore ? Et pourquoi ferait-on une différence entre ces droits et les autres ? Nous pensons donc que,
lorsqu'il y a eu divorce, le père doit conserver la puissance paternelle avec la seule restriction apportée par
les articles 302 et 303. Ce n'est pas la rupture du lien
conjugal qui brise la puissance paternelle ; ne continue-
t-elle pas d'appartenir au père après le décès de la mère ?
Il aurait fallu par conséquent une disposition formelle
de la loi pour la lui retirer ; or nous n'avons sur ce point
que des dispositions particulières relatives au droit de
garde et à l'usufruit légal ; nous appliquerons ces dispo-

sitions, mais pour tout le reste, à notre sens, l'article 373
doit continuer à recevoir son application. N'est-ce pas
ainsi que les choses se passent lorsqu'on est dans le cas
de mariage putatif ; tous les auteurs reconnaissent que
le père seul doit exercer la puissance paternelle ; pourquoi alors distinguer avec le divorce ?

Pendant l'instance en séparation de corps ou en di-
vorce. — Le mariage subsiste, mais la cohabitation cesse
entre les époux. Est-ce au père ou à la mère que nous
donnerons la garde des enfants ? Ici, jusqu'à la loi de
1886, il n'y avait que l'article 267 pour répondre à cette
question. « L'administration provisoire des enfants, portait ce texte, restera au mari demandeur ou défendeur
en divorce, à moins qu'il n'en soit autrement ordonné
par le tribunal, sur la demande soit de la mère, soit de
la famille ou du ministère public pour le plus grand
avantage des enfants ». Ce texte ne faisait que poser
l'application des règles générales du Code relativement
à la puissance paternelle. Le droit de garde continuait
d'appartenir en principe au père, sauf pour le tribunal
le droit d'en disposer autrement. L'article 267 ne donnait qu'au tribunal tout entier le pouvoir de trancher le
sort des enfants. Quant au divorce, sa disposition était
rationnelle sous l'empire de l'ancienne procédure, d'a-
près laquelle le tribunal intervenait au procès dès le
début, et pouvait ainsi nommer sans retard le gardien

des enfants. Au contraire, en matière de séparation de corps, le président seul statuait sur la tentative de conciliation. De là des doutes pour appliquer à ce cas la disposition de l'article 267. La loi de 1886 est venue simplifier la question aussi bien dans la procédure de séparation de corps que dans la procédure de divorce. Désormais, jusqu'à ce que le tribunal soit saisi, le président, dans les deux ordonnances qu'il est appelé à rendre, peut statuer provisoirement sur la garde des enfants. S'il n'avait pas pris de décision, conformément aux principes que nous avons exposés, la garde continuerait d'appartenir au père. — Lorsque le tribunal est saisi, il peut modifier les mesures prescrites par le président sur la demande de l'une des parties intéressées, sur celle de l'un des membres de la famille, sur les réquisitions du ministère public ou même d'office. Sous l'empire de l'ancien article 267, beaucoup d'auteurs entendaient l'expression « la famille » dans le sens d'une assemblée de famille qui, après s'être concertée, aurait demandé au tribunal l'attribution de la garde des enfants en cause à telle personne déterminée. La loi de 1886 se contente de la demande d'un membre de la famille et l'on peut se convaincre en lisant l'exposé de ses motifs qu'elle n'a voulu établir aucune limitation quant au degré de parenté ; la réquisition pourra donc être faite par un parent à un degré quelconque. On a posé la question de savoir si le ministère public ou les membres de la famille pouvaient requérir ces mêmes mesures de la part du président lorsqu'il rend ses ordonnances au début de la procédure ; l'extension ne nous semble pas rationnelle : le procès n'est pas encore commencé ; il faut donc donner le moins de publicité possible à l'affaire, les époux pouvant se réconcilier.

Après la prononciation de la séparation de corps ou du divorce. — L'article 302 tranche la question en ce qui concerne le droit de garde et décide que les enfants sont confiés en principe à l'époux qui a eu gain de cause dans le procès. La loi établit une présomption en sa faveur ; c'est donc à lui que les enfants seront remis si le jugement qui prononce la rupture du lien conjugal a gardé le silence sur ce point. Mais le tribunal a une pleine liberté d'appréciation et peut ordonner, sur la demande de la famille ou du ministère public, que tous les enfants ou quelques-uns d'entre eux seront confiés aux soins soit de l'autre époux, soit d'une tierce personne. L'intérêt des enfants sera, dans ce cas, son seul guide : voilà par exemple des enfants en bas-âge qui ont besoin des soins maternels, le tribunal fera bien de les remettre à la mère, alors même qu'elle serait la coupable.

Devons-nous appliquer cet article à la séparation de corps ? Avant la loi de 1886, pour nous la question n'était pas douteuse : conformément au principe que nous avons posé en tête de ce chapitre, là où le lien conjugal n'est pas rompu et à défaut d'un texte modifiant la puis-

sance paternelle, cette puissance doit continuer d'appartenir au père ; tel est pour nous l'esprit du Code. Or
l'article 302 ne parle que du divorce ; nous appliquerons
donc l'article 373 dans toute sa rigueur. Comme cette
solution présentait de graves inconvénients dans la pratique, les tribunaux s'étaient encore arrogé sur ce point
le droit de modifier l'autorité du père de famille. Mais,
comme le dit M. Laurent, que l'on retrouve toujours
lorsqu'il s'agit de faire respecter scrupuleusement la loi :
« Ne faudrait-il pas un texte pour donner aux tribunaux
le pouvoir qu'on leur reconnaît ? Il s'agit de modifier un
texte, l'article 373. Les interprètes ont-ils jamais le droit
de déroger à une loi » (1) ? Aujourd'hui la loi de 1886
semble avoir tranché la question en faveur de la solution
extensive. L'article 240 y est déclaré applicable à la séparation de corps. Or cet article décide que le tribunal
peut prendre toutes les mesures provisoires relatives à
la garde des enfants ; mais ces mesures ne sont-elles pas
toujours essentiellement révocables ? Il en résulte et il
a été jugé (Paris, 17 juillet 1886) (2) que l'article 240 reste
applicable même après la prononciation du divorce,
donc par analogie après la prononciation de la séparation de corps ; car les mesures relatives à la garde des
enfants sont même alors toujours provisoires et révocables. Du reste serait-il admissible que, pendant l'ins-

(1) Laurent, tome 3, nº 350.
(2) Dalloz, 1887, 2, 211.

tance en séparation de corps, les enfants pussent être confiés à la mère ou à une tierce personne conformément à l'article 240, puisque, la séparation prononcée, ces personnes fussent obligées de se dessaisir en faveur du père?

Relativement au droit de garde la question ne présente donc guère de difficulté puisque nous avons un texte, et nous admettrons que l'époux qui exercera ce droit jouira des diverses prérogatives qui s'y rattachent; c'est ainsi qu'il pourra choisir la maison d'éducation où il voudra que son enfant soit élevé. Toutefois sa liberté d'action reçoit une restriction importante avec la disposition de l'article 303 d'après laquelle, quelle que soit la personne qui ait la garde des enfants, les père et mère conservent respectivement le droit de surveiller leur entretien et leur éducation. D'où il faut déduire que chaque époux a le droit de recourir aux tribunaux pour réprimer les abus qui seraient commis. Qu'on applique cette solution en cas de divorce, cela peut s'expliquer par ce fait que le lien conjugal est rompu, et d'ailleurs le texte est là, qui est formel; mais il nous semble difficile de l'étendre à la séparation de corps comme le font la plupart des auteurs et la jurisprudence, et de décider que l'extension doit être admise à plus forte raison parce que dans ce cas le lien conjugal subsiste. Comment la mère, sous prétexte que ce lien existe encore, pourrait-elle critiquer les mesures prises par le père qui a la garde des enfants ; comment pourrait-elle recourir à la justice, alors qu'elle n'aurait pas ce droit si la séparation n'avait pas été prononcée?

Comme nous l'avons dit, il y a un texte qui tranche la question en ce qui concerne l'usufruit légal : c'est l'article 386 qui le retire à l'époux contre lequel le divorce aurait été prononcé. Il ne nous semble pas douteux que l'usufruit doive passer à la mère si elle a triomphé dans le procès. On serait bien obligé de le lui accorder, conformément à l'article 384, si le père venait à mourir après la prononciation du divorce. N'y aurait-il pas dans ce résultat quelque chose de singulier? Puis l'usufruit légal est une compensation des charges qu'impose la garde des enfants. Il faut donc l'accorder à la mère lorsqu'elle a cette garde. On est d'accord pour ne pas étendre l'article 386 à la séparation de corps, car il s'agit là d'une déchéance, et les textes qui prononcent des déchéances doivent être interprétés restrictivement.

Mais ces deux droits ne constituent pas toute la puissance paternelle : nous avons encore le droit de correction, le droit de consentir au mariage des enfants mineurs, de les émanciper, l'administration légale. C'est ici que la discussion signalée précédemment offre de l'intérêt. Du reste, le Code ayant gardé le silence le plus complet sur ces différents points, il faut bien avouer que toutes les solutions qu'on donne sont plus ou moins arbitraires. Il y a là une lacune que devrait combler un législateur prévoyant.

Conformément à l'opinion que nous avons soutenue, nous accordons au père, alors même que le divorce aurait été prononcé contre lui, le droit de correction, qui toutefois ne pourra plus être exercé que par voie de réquisition, afin que le droit de contrôle reconnu par l'article 303 à la mère puisse s'exercer efficacement, — le droit exclusif de consentir au mariage, et ici la question ne fait guère de doute, car l'article 148 qui dit qu'en cas de partage le consentement du père suffit, semble bien embrasser les différentes hypothèses.

Nous avons vu que ces solutions sont loin d'être adoptées par la majorité des auteurs. Quant au droit de correction, ceux qui embrassent le premier système en font un corollaire du droit de garde, et prétendent que ces deux droits sont si intimement liés l'un à l'autre que l'obtention de l'un équivaut à la dévolution totale de la puissance paternelle. Aussi Zachariæ va-t-il jusqu'à considérer comme mort l'époux auquel la garde des enfants n'a pas été confiée. Comme nous l'avons dit, c'est violer l'article 381 qui n'accorde le droit de correction à la mère qu'autant qu'elle est *survivante* et non remariée. Si nous passons au second système, nous voyons que, bien qu'accordant la puissance paternelle conjointement aux père et mère après la prononciation du divorce, M. Laurent reconnaît cependant, par une singulière anomalie, que le droit de correction ne peut être exercé que par l'époux qui a la garde.

Nous ne reviendrons pas sur les arguments qui ont été invoqués pour soutenir ces différentes opinions.

En tout cas, quelque système qu'on adopte, il semble impossible d'admettre que le père et la mère exercent cumulativement l'administration légale. Qu'adviendrait-il si chaque acte de gestion donnait lieu à un recours aux tribunaux, et cela n'est-il pas vraisemblable de la part de deux époux qui sont en mauvaise intelligence ? Ce serait l'anarchie. Et comme aucun texte ne permet de confier ce droit au gardien, nous le laisserons au père, ainsi que nous l'avons dit. — Quant à l'émancipation, la question est, nous l'avouons, fort difficile, parce qu'en attribuant ce droit exclusivement au père, comme nous l'avons fait, celui-ci peut arriver à neutraliser la mesure prise par le tribunal qui confie les enfants à la mère. Mais encore une fois ce reproche s'adresse au législateur. L'article 477 est formel ; la mère ne peut émanciper l'enfant qu'à *défaut de père*, donc quand le père est mort.

En ce qui concerne la séparation de corps, le mariage subsistant encore, il ne saurait pour nous y avoir de doute : la puissance paternelle doit continuer d'appartenir au père avec toutes les prérogatives autres que celles qui lui sont retirées par un texte de loi. C'est ainsi que nous avons vu que la garde des enfants peut lui être enlevée. Cependant la même discussion que nous avons vue s'élever en matière de divorce au sujet du droit de correction se retrouve en cas de séparation de corps. Nous avons déjà dit qu'il n'y a pas corrélation nécessaire entre ce dernier droit et le droit de garde : nous n'y reviendrons pas. Quant au droit d'émancipation, la controverse signalée précédemment reparaît, mais avec moins de force, et M. Laurent qui reconnaît au père divorcé le droit d'émanciper son enfant avec recours possible de la mère aux tribunaux, ne peut admettre ici le contrôle du juge. Tant que le père conserve la puissance paternelle, il a un pouvoir absolu d'émanciper sans que le juge puisse contrôler l'exercice de son droit. Enfin nous appliquerons à plus forte raison à la séparation de corps ce que nous avons dit de l'administration légale en traitant du divorce.

Pour terminer cette matière du divorce et de la séparation de corps, examinons quelques espèces particulières qui se présentent fréquemment dans la pratique.

Tout d'abord qu'arrive-t-il si, après la séparation de corps ou le divorce, l'un des père et mère vient à décéder ? La Cour de Paris avait décidé (7 juillet 1882) (1) que les dispositions d'un jugement prononçant la séparation de corps contre la femme, qui ont enlevé à celle-ci la garde des enfants et l'ont confiée à un tiers, peuvent être maintenues même après le décès du mari. Cet arrêt s'appuyait sur ce que les mesures avaient été prescrites dans l'intérêt des enfants (art. 302) ; or cet intérêt n'était-

(1) Dalloz, 1883, 2, 145.

il pas toujours le même, quoique le mariage fût dissous par la mort de l'un des époux ? Cet arrêt a été cassé, et, nous le croyons, avec raison. Comme l'a dit la Cour de cassation, les effets de la séparation tombent entièrement par le décès de l'un des époux ; dès lors, l'article 372 doit recevoir son application. — C'est ce qu'a décidé également la Cour de Poitiers (21 juillet 1890) (1), qui allègue les motifs suivants : La justice n'est appelée à prononcer en vertu de l'article 302 qu'entre époux vivants. Son intervention n'est autorisée par la loi qu'à raison du conflit qui existe ou peut exister entre les époux. Or, en dehors des cas strictement déterminés par l'article 302, la déchéance de la puissance paternelle ne peut être encourue que dans les cas prévus par la loi du 24 juillet 1889.

Si la séparation de corps cessait par la réconciliation des époux, le père recouvrerait la puissance, même si les enfants avaient été confiés à un tiers. Il faut rendre à la famille son unité ; de plus nous avons à l'appui de cette solution les arguments présentés par la Cour de Poitiers.

Enfin, si la séparation de corps était convertie en divorce, nous croyons que la disposition du jugement qui confie les enfants à la mère ou à un tiers continuerait de s'appliquer, parce qu'il ne s'agit pas là d'une mesure incompatible avec la nouvelle situation.

(1) Dalloz, 1891, 2, 73.

§ 2. — Modifications en cas d'absence.

Ici nous avons un texte, l'article 141 du Code civil, qui transmet à la mère les droits du père disparu.

§ 3. — Modifications en cas d'interdiction judiciaire.

Au contraire le Code est muet pour le cas où le père est atteint de démence. Tout d'abord il se peut que l'interdiction n'ait pas été prononcée. Devons-nous conclure du silence de nos lois, comme l'a fait Proudhon, que, conformément à l'article 373, la mère ne peut exercer l'autorité paternelle qu'autant qu'elle a survécu au mari? Cela semblerait logique avec l'idée que nous nous sommes faite de la puissance du père de famille et le principe que nous avons posé en tête de ce chapitre. Nous avons toujours répété que le Code avait confié exclusivement au père la puissance paternelle et qu'il ne pouvait en être privé qu'en vertu d'un texte. Or ici la loi est muette. Cependant, dans le cas qui nous occupe, il y a obstacle de fait ; il faut bien que quelqu'un prenne la direction des enfants ; ce ne peut être que la mère, comme il ressort avec évidence de l'esprit général du Code. L'article 149, qui porte que si l'un des époux est dans l'impossibilité de donner son consentement, le consentement de l'autre suffit, nous fournit un puissant argument d'analogie. De même l'article 2 du Code de commerce qui permet à la mère d'autoriser son enfant mineur à faire le commerce dès que le père est décédé, *interdit* ou absent. Si le jugement d'interdiction a été prononcé, la mère à plus forte raison aura la puissance paternelle. Nous ne pouvons admettre la distinction que fait M. Laurent entre les actes moraux et les actes pécuniaires et d'après laquelle l'interdiction n'aurait pour but que d'annuler les premiers. La disposition de l'article 502 est générale, et la loi a sagement fait, selon nous, d'établir cette présomption légale d'incapacité, car des difficultés de toutes sortes peuvent s'élever sur le point de savoir si, par rapport à tel acte le fou se trouvait ou non dans un intervalle lucide.

La mère exercera également la puissance paternelle si le père est placé dans une maison d'aliénés conformément à la loi de 1838, puisque, tout le temps que dure cet internement, le père est dans l'impossibilité d'exercer cette puissance. La mère n'aura qu'à produire le certificat constatant l'admission du père.

§ 4. — Modifications en cas d'interdiction légale.

Remarquons que la dégradation civique ne modifie pas la puissance paternelle. Celui qui en est frappé ne peut faire partie d'aucun conseil de famille ; il ne peut être tuteur ou subrogé-tuteur, si ce n'est de ses propres enfants et sur l'avis conforme du conseil de famille. Mais de ce que son droit de tutelle est restreint, on ne saurait conclure qu'il en est de même relativement à son droit de puissance paternelle. Il n'y a pas en effet analogie entre ces deux droits. Aucun texte n'enlève au père, en cas d'interdiction légale, la puissance paternelle, et, comme nous sommes ici en matière pénale, l'interprétation restrictive est de rigueur. Cependant, par la force des choses, l'exercice de cette puissance sera suspendu pendant tout le temps de la durée de la peine. Il y a là, comme au cas d'interdiction judiciaire, un obstacle de fait. N'est-il pas évident qu'un père détenu ne peut conserver sur ses enfants les droits de garde, d'éducation et de correction qu'il est dans l'impossibilité matérielle d'exercer? De même en ce qui concerne l'administration de leurs biens : puisqu'on lui nomme un tuteur et un subrogé-tuteur pour la gestion de sa fortune, comment pourrait-il gérer celle d'un autre? — Comme au cas d'interdiction judiciaire, et pour les mêmes raisons, nous donnerons à la mère l'exercice des droits que nous enlevons momentanément au père. — Mais, pour certaines prérogatives, le consentement au mariage, par exemple, qui peuvent être exercées par l'interdit légalement pendant la durée de sa peine, quelques auteurs n'admettent plus la solution précédente. Nous nous rangerons à leur avis parce que cette opinion seule se concilie avec l'idée que nous nous faisons de la puissance paternelle, qui doit toujours appartenir au père à défaut d'un texte ou d'une impossibilité absolue. Du reste on aboutirait à une véritable déchéance de cette puis-

sance, et cela en dehors de l'énumération de la loi de
1889. Nous verrons par ailleurs qu'avant cette dernière
loi, lorsque la déchéance avait été prononcée dans les
hypothèses visées par les articles 334 et 335 du Code
pénal, on s'accordait à laisser au père le droit de consentir au mariage et à l'adoption de ses enfants ; à plus
forte raison doit-on lui laisser ces droits en cas d'interdiction légale, puisqu'il n'y a pas eu de déchéance prononcée.

§ 5. — Modifications en cas de tutelle.

Nous abordons ici la modification la plus importante
que le Code civil ait apportée à la puissance paternelle.
Dans les cas précédents, si le père était dépouillé de
son autorité c'est qu'il y avait un obstacle matériel, une
impossibilité absolue : lui-même ne pouvait s'en plain-
dre et ce n'est pas le père absent ou atteint d'aliénation
mentale qui viendra faire des réclamations à ce sujet. Il
est loin d'en être de même dans l'hypothèse qui nous
occupe : le père pourrait parfaitement, lorsque la mère
meurt, continuer d'exercer les pouvoirs qui lui étaient
attribués durant le mariage ; cependant le législateur a
jugé bon de donner à l'enfant des garanties pour cette
hypothèse. C'est que, par le décès de sa mère, l'enfant
se trouvera souvent hériter d'une certaine fortune, qu'il
peut dès lors y avoir opposition d'intérêts entre lui et
son père, et que ces craintes sont encore bien plus fon-

dées lorsque le père se remarie. Dès lors il fallait sauvegarder la situation de l'enfant et le législateur a consacré la tutelle avec ses garanties (contrôle du conseil de famille, hypothèque légale, pouvoirs restreints du tuteur).

Deux hypothèses peuvent se présenter : 1° *La tutelle peut être confiée au père ou à la mère*, et ce sera là le cas le plus général, le survivant des père et mère ayant de plein droit la tutelle légale d'après l'article 390. Mais nous avons déjà dit, et à ce propos nous avons formulé des critiques, que les pouvoirs de la mère comme tutrice légale étaient plus restreints que ceux du père ; en effet celui-ci peut toujours lui imposer un conseil ; si la mère veut conserver la tutelle, elle doit, lorsqu'elle se remarie, accomplir les formalités de l'article 395 ; enfin elle ne peut jamais exercer le droit de correction avec la même plénitude que le père. — En résumé, dans cette première hypothèse, le père et la mère, avec les restrictions que nous venons de signaler pour cette dernière, exercent à la fois la tutelle et la puissance paternelle.

Mais comment l'existence simultanée de ces deux pouvoirs peut-elle avoir lieu ? C'est que les droits de la puissance paternelle sont plus étendus que ceux de la tutelle. En effet, le tuteur qui n'est pas le père ou la mère de l'enfant est soumis au contrôle du conseil de famille en ce qui concerne le droit de correction, tandis que ce droit appartient pleinement au père, et à la mère sous les conditions que nous avons déterminées. Le tuteur étranger n'a pas le droit d'émanciper le mineur ; ce droit appartient au conseil de famille qui ne peut l'exercer que si l'enfant a au moins 18 ans, tandis que le père ou la mère peut émanciper librement l'enfant âgé seulement de 15 ans. De même le consentement du tuteur n'est jamais requis pour le mariage du mineur ; c'est au conseil de famille qu'il appartient de prononcer ; tandis que l'enfant doit toujours obtenir le consentement de ses parents. Par conséquent, dans la première hypothèse qui nous occupe, les père et mère auront tous les droits de la puissance paternelle, sauf les restrictions résultant pour eux des règles de la tutelle, et toutes les prérogatives se rattachant à cette puissance. Ils pourront donc librement et sans avoir besoin de l'autorisation du conseil de famille, diriger l'éducation de leurs enfants, donner leur consentement à leur mariage, les émanciper, etc.

2° *La tutelle a-t-elle été confiée à un tiers*, et ce cas peut se présenter dans des hypothèses multiples : le père survivant a été dispensé ou excusé ; — la mère l'a refusée (elle en a toujours le droit sans être obligée d'indiquer de motifs) ; ou bien elle n'y a pas été maintenue par le conseil de famille en cas de second mariage ; ou enfin elle a négligé de convoquer ce conseil dans le même cas, ce qui entraîne pour elle perte de plein droit de la tutelle ; — dans toutes ces circonstances il y a alors sé-

paration de la tutelle et de la puissance paternelle, cette
dernière continuant d'appartenir au survivant des père
et mère. Le père ou la mère aura donc toujours la garde
de l'enfant ; l'enfant pourra bien avoir son domicile de
droit chez son tuteur, mais sa résidence sera chez son
père ou sa mère ; — le droit d'éducation et le droit de
consentir au mariage, à l'adoption. — La question est
plus difficile en ce qui concerne le droit d'émancipation,
parce que c'est un acte qui met fin à la tutelle ; l'époux
qui n'en a pas été investi ne va-t-il pas avoir par là un
moyen de tourner la loi ? Nous n'hésiterons pas cependant à donner ici la même solution qu'en matière de divorce, et toujours pour le même motif : nous ne retirons
un droit aux parents qu'en vertu d'un texte formel. Mais
nous reconnaissons que cette solution peut présenter
des inconvénients dans la pratique ; le législateur ferait bien d'apporter sur tous ces points des réformes. —
Quant à la double question de savoir si les tribunaux ont
le droit de confier le mineur au tuteur de préférence à
l'époux survivant, en supposant que l'intérêt de l'enfant
l'exige, et si, d'autre part, le survivant étant destitué
par application de l'article 444, ils peuvent lui enlever
la puissance paternelle, nous la rattacherons à la question générale du droit de contrôle que voulaient s'arro-
ger les tribunaux sur les pouvoirs du père de famille.

CHAPITRE III

Après avoir exposé les règles générales qui gouvernaient les droits des parents sous l'empire du Code civil, nous allons étudier les lois constitutives de l'évolution déjà signalée au début de cette thèse, évolution qui a de plus en plus tendance à restreindre la puissance paternelle, à lui enlever son caractère arbitraire et à faire passer l'intérêt de l'enfant au premier plan, lorsque sa santé, son éducation physique ou morale l'exigent. — Timides ont été les premiers essais de réforme dans cet ordre d'idées ; le législateur avait alors à lutter contre les scrupules de ceux qui défendaient ce qu'ils appelaient l'inviolabilité des droits du père de famille ; mais l'opinion publique a réagi contre cette manière de voir, et, à mesure que l'opposition perdait du terrain, les lois qui se succédaient sur cette matière faisaient preuve d'une plus grande hardiesse.

Nous diviserons ces lois en deux groupes d'après l'objet qu'elles se sont proposé. Dans le premier groupe nous ferons rentrer les dispositions qui ont été édictées en vue de protéger la santé, la vie physique de l'enfant. Nous placerons dans le second les mesures qui ne le concernent qu'au point de vue moral et ont eu pour but de lui assurer un minimum d'instruction. — Quant aux dispositions qui ne limitent la puissance paternelle que sur un point particulier et sont extraites de lois qui ne songeaient nullement à réglementer cette puissance ; elles feront l'objet d'un paragraphe spécial. .

1er *groupe de lois.*

La loi du 23 décembre 1874 a pour but de protéger les enfants du premier âge. A notre époque où la question de l'accroissement de la population préoccupe tant les législateurs et les économistes, une réforme s'imposait. Les rapports médicaux constataient chaque année que la mortalité des enfants élevés chez les nourrices atteignait une énorme proportion ; le manque de soins, qui provenait souvent d'intentions criminelles, en était la principale cause. Il y avait là un danger éminemment national qu'il fallait enrayer par une loi. C'est alors que M. Roussel, dont on retrouve toujours le nom lorsqu'il s'agit de protéger l'enfance, déposa un projet qui fut voté par les Chambres. D'après cette loi, tout enfant, âgé de moins de 2 ans, qui est placé moyennant salaire en nourrice, devient par ce seul fait l'objet d'une surveillance de l'autorité publique, surveillance qui appartient dans le département de la Seine au préfet de police et dans les autres départements aux préfets, et sous leur autorité, aux commissions, aux médecins inspecteurs et aux inspecteurs du service des enfants assistés. Une commission supérieure siège au ministère de l'intérieur. — Toute personne qui place un enfant en nourrice doit en faire déclaration à la mairie de la commune où a été faite la déclaration de naissance de l'enfant ou à la mairie de la résidence actuelle du déclarant sous peine d'emprisonnement et d'amende. — Sont soumis à la surveillance toute personne ayant un nourrisson moyennant salaire, ainsi que les bureaux de placement et tous les intermédiaires qui s'emploient au placement des enfants en nourrice. L'exercice de la profession de placeur est soumis à certaines autorisations, et les nourrices doivent faire certaines déclarations, le tout sous la sanction de peines.

Lorsque l'enfant grandit il faut également protéger sa constitution physique qui va se trouver si exposée avec les conditions actuelles du travail. Avec le développement des centres industriels, avec les progrès réalisés par l'industrie moderne qui tend à substituer partout le travail de la machine à celui de l'homme, la tâche de l'ouvrier devient plus dure de jour en jour ; or de tels travaux pénibles pour un adulte, sont presque toujours de nature à compromettre la santé et même la vie de l'enfant. Cependant des parents oubliant leurs devoirs ou poussés par la misère, des patrons ne songeant qu'à réaliser de gros bénéfices, n'hésitaient pas à faire travailler des enfants pendant des nuits entières, et cela dans des conditions contraires à toutes les règles de l'hygiène ou dangereuses pour leur moralité. Et personne ne pouvait réclamer, le Code laissant le père seul juge en la matière. Le législateur devait intervenir, car, toute question de sentiment et d'humanité mise à part, l'État courait un danger ; n'est-il pas en effet intéressé à ce que ses futurs conscrits aient une constitution solide à toute épreuve ?

La première loi réglementant le travail des enfants porte la date du 22 mars 1841. Ce fut l'embryon de toutes celles qui traitèrent dans la suite le même sujet. Mais il est facile de voir, par la timidité de ses dispositions, que le législateur, imbu des idées d'alors, quoique prescrivant des réformes humanitaires, avait peur qu'on ne l'accusât de porter atteinte à la puissance paternelle. C'est ainsi qu'il se bornait à réglementer le travail dans certains établissements industriels : usines, manufactures, ateliers à moteur mécanique ou à feu continu et fabriques renfermant plus de vingt ouvriers en atelier. Dans ces établissements l'enfant ne pouvait être admis qu'à l'âge de huit ans, et ne devait travailler que huit heures au maximum. Lorsqu'il avait atteint sa treizième année, le travail de nuit lui était permis. La loi ne protégeait plus ceux qui avaient atteint leur seizième année. Remarquons que, dans les établissements qui n'étaient pas réglementés, l'enfant pouvait travailler à tout âge.

Les dispositions de cette loi n'étaient sanctionnées que par des peines de simple police.

Par ce rapide exposé on peut voir quelles lacunes présentait cette loi. Elle fut bien vite jugée insuffisante, car, dès 1847, un projet de refonte générale était soumis à la Chambre des Pairs ; la révolution de 1848 le fit avorter, et il a fallu attendre jusqu'à la loi du 3 juin 1874 pour avoir une loi sérieuse sur cette matière. La loi de 1874 s'applique à toutes les manufactures et usines sans faire d'exceptions comme celle de 1841. Elle ne permet, en règle générale, l'emploi de l'enfant qu'à l'âge de 12 ans, en le tolérant à dix ans pour certaines industries qui ne présentent pas de danger au point de vue de sa santé. Le travail de nuit n'est autorisé qu'à partir de 16 ans, et, pour les jeunes filles, cet âge est reporté jusqu'à 21 ans. Le maximum de la journée de travail est fixé à 6 heures pour les enfants mineurs de 12 ans et à 12 heures pour les enfants majeurs de 12 ans. Enfin certains ateliers énumérés par cette loi sont fermés aux enfants d'une façon absolue.

Afin que ses dispositions fussent rigoureusement appliquées, la loi de 1874 a créé des inspecteurs divisionnaires chargés d'exercer leur surveillance dans une région déterminée, et pouvant pénétrer dans tous les établissements manufacturiers pour veiller à l'exécution de la loi, et elle a en même temps réorganisé le service d'inspection de la loi de 1841. Notons que les peines, de simple police qu'elles étaient sous l'empire de la loi de 1841, devinrent des peines correctionnelles.

Tout en prenant ces mesures qui n'avaient pour but que de protéger la santé de l'enfant, le législateur de 1874, comme celui de 1841, en édictait d'autres qui avaient trait à son instruction. Nous étudierons tout à l'heure ces dispositions dans lesquelles se trouve le germe de la grande loi de 1882, et qui par leur objet rentrent dans notre seconde catégorie.

Quoique la loi de 1874 marquât un progrès considérable sur la précédente, il s'en fallut de beaucoup qu'elle restât à l'abri de toute critique, et il est certain qu'on ne l'appliquait guère dans la pratique. Peut-être la cause principale de cet insuccès a-t-elle été dans les difficultés que présentait le système employé pour constater les contraventions. Après bien des viscissitudes, une loi a été votée tout récemment, le 2 novembre 1892, et régit à nouveau cette matière. Cette loi réglemente les manufactures et ateliers, même lorsque ces établissements ont un caractère d'enseignement professionnel ou de bienfaisance ; il n'y a d'exception que pour les établissements où ne sont employés que les membres de la famille sous l'autorité soit du père, soit de la mère, soit du tuteur ; encore faut-il, dans ce dernier cas, que le travail ne s'y fasse pas à l'aide de chaudière à vapeur ou de moteur mécanique et que l'industrie exercée, ne soit pas classée au nombre des établissements dangereux ou insalubres. Désormais les enfants ne peuvent être employés par les patrons avant l'âge de treize ans révolus ; toutefois les enfants munis du certificat d'études primaires peuvent être employés à partir de l'âge de douze ans. Les inspecteurs du travail peuvent toujours requérir un examen médical de tous les enfants au-dessous de seize ans, admis dans les établissements, à l'effet de constater si le travail dont ils sont chargés excède leurs forces, et, dans ce cas, ils auront le droit d'exiger leur renvoi de l'établissement. Cette loi protège les jeunes gens jusqu'à l'âge de 18 ans en décidant qu'ils ne peuvent être employés à un travail effectif plus de 60 heures par semaine, sans que le travail journalier puisse excéder 12 heures, ni à quelque travail de nuit que ce soit. Elle protège de même les filles jusqu'à leur majorité en fixant un maximum de 11 heures également et en leur interdisant tout travail de nuit. De plus, les enfants âgés de moins de 18 ans et les femmes de tout âge ne peuvent, en règle générale, être employés plus de six jours par semaine.

Cette loi, qui marque encore un progrès sur la précédente en assurant les conditions d'hygiène et de moralité dans lesquelles doit se développer l'enfant, nous semble avoir négligé un point important, et cette omismission nous étonne d'autant plus qu'on sait à l'heure actuelle quel compte il faut tenir des théories sur le prétendu relâchement de la puissance paternelle. D'après nous, le père devrait être frappé de la même peine. que le patron, sauf à réduire l'amende, puisqu'on aura toujours affaire à un individu sans fortune « Mais, comme le dit M. Morillot (1), si le manufacturier est coupable d'exploiter l'enfant pour réaliser un bénéfice plus grand, le même reproche n'est-il pas plus directement encouru par le père de famille, qui a pour premier devoir de ne pas exténuer les forces de son enfant, pour s'affranchir dans une certaine mesure de l'obligation d'entretien qui lui incombe ? » Remarquons toutefois que le père encourrait l'amende dans l'hypothèse de l'article 29 qui ne fait pas de distinction et d'après lequel : « Est puni d'une amende.... *quiconque* aura mis obstacle à l'accomplissement des devoirs d'un inspecteur ».

Nous mettons à la suite de ces dispositions qui ont pour but direct de sauvegarder la santé de l'enfant, la loi du 22 février 1851. Le but du législateur a bien été ici de réglementer le contrat d'apprentissage, les rapports entre le chef d'atelier, l'apprenti et les parents de ce dernier, et à ce sujet nous trouvons une dérogation particulière à la puissance paternelle, en ce que la loi de 1851 permet de faire le contrat d'apprentissage non seulement au tuteur ou à une personne autorisée par les parents, mais encore à toute personne pourvu qu'elle soit autorisée par le juge de paix ; mais à côté de ces dispositions

---

(1) Article de M. Morillot sur le travail des enfants dans les manufactures, *France judiciaire*, 1877, 1re partie, page 212.

générales nous avons des prescriptions particulières réglementant le travail, et qui conduisent naturellement à
établir une analogie entre cette loi et les précédentes.
C'est ainsi que, jusqu'à 14 ans, aucun apprenti ne peut
être employé plus de 10 heures par jour, qu'aucun apprenti ne peut être assujetti au travail pendant plus de
12 heures, de 14 à 16 ans, qu'aucun travail de nuit ne
peut être imposé aux apprentis mineurs de 16 ans. Ces
dernières dispositions se rattachent si bien aux lois dont
nous venons de parler qu'on devra les modifier lorsqu'elles seront en contradiction avec les lois sur le travail qui ont été promulguées postérieurement à la loi que
nous étudions. Ainsi, en appliquant la loi du 2 novembre
1892, un apprenti ne pourra pas être reçu avant l'âge
de 13 ans révolus, avec l'exception pour les enfants de
12 ans qui ont leur certificat d'études primaires. De
même on appliquera les dispositions relatives au travail
de nuit et au jour de vacance par semaine. — A côté de
ces mesures intéressant la santé des enfants nous en
avons d'autres qui concernent la moralité du patron ;
c'est ainsi qu'aucun maître, s'il est célibataire ou en état
de veuvage, ne peut loger de filles mineures, et que certaines condamnations, particulièrement pour attentat
aux mœurs, empêchent de prendre des apprentis.

2e *groupe de lois.*

Ce sont, avons-nous dit, les lois qui obligent le père

de famille à donner à son enfant une certaine instruction. Désormais le devoir d'éducation qui, sous l'empire du Code, restait à l'état de lettre morte, va recevoir une sanction énergique. La loi de 1841, reproduite sur ce point par la loi de 1874, est la première qui contienne des dispositions à ce sujet. Elle défendait au patron d'employer un enfant âgé de moins de 12 ans, si ses parents ou son tuteur ne justifiait qu'il fréquentait actuellement une école publique ou privée. Aucun enfant ne pouvait, avant 15 ans accomplis, être admis à travailler plus de 6 heures par jour, s'il ne justifiait, par la production d'un certificat de l'instituteur ou de l'inspecteur primaire, qu'il avait acquis l'instruction primaire élémentaire. La loi de 1851 avait pris des mesures analogues à l'égard des apprentis en décidant que si un apprenti âgé de moins de 16 ans ne savait pas lire, écrire et compter, le maître était tenu de lui laisser prendre sur sa journée de travail le temps et la liberté nécessaires pour son instruction, sans que d'ailleurs jamais ce temps pût excéder deux heures par jour.

Mais il n'y avait dans ces lois que des dispositions particulières ne concernant qu'un nombre limité d'enfants ; c'est ainsi qu'il n'était question nulle part des enfants qui n'avaient pas de métier. Il fallait donc une loi embrassant toutes les hypothèses ; le législateur nous l'a donnée le 28 mars 1882. On se souvient des discussions passionnées qu'a soulevées l'apparition de cette

loi sur l'enseignement primaire obligatoire ; nous n'a-
vons pas ici à prendre parti pour ou contre ; nous nous
bornerons à constater le progrès considérable qu'elle
constitue dans l'évolution de la puissance paternelle.
Tout en cherchant à pourvoir à l'instruction des enfants
à défaut des parents, le législateur de 1882 a tâché d'apporter un remède au vagabondage.

D'après cette loi, le principe de l'obligation scolaire
existe à l'égard de tous les enfants des deux sexes âgés
de six à treize ans. Mais, afin de ne pas être accusée
d'empiéter sur les libertés du père de famille, la loi lui
permet de déterminer le mode d'éducation qui pourra
être donnée à ses enfants. En effet, d'après l'article 4,
l'instruction primaire peut être donnée soit dans les
établissements d'instruction primaire ou secondaire,
soit dans les écoles publiques ou libres, soit dans les
familles par le père de famille lui-même ou par toute
personne qu'il aura choisie. Le père de famille a donc
une liberté complète d'appréciation. Ce que la loi entend seulement lui défendre, c'est de priver son enfant
de toute instruction. Cette loi vient étayer le principe
du suffrage universel écrit dans notre constitution, car
ce suffrage ne peut être juste qu'à la condition que tout
électeur ait une instruction suffisante pour assurer son
indépendance.

Afin que ses dispositions fussent appliquées, la loi
qui nous occupe a créé des commissions scolaires pour

surveiller la fréquentation des écoles. Le père ou la personne qui a la garde de l'enfant doit, quinze jours au moins avant l'époque des classes, faire savoir au maire s'il entend faire donner à l'enfant l'instruction dans la famille ou dans une école publique ou privée, et, dans ce cas, indiquer l'école choisie. A cet effet, chaque année le maire dresse, avec la commission municipale scolaire, la liste de tous les enfants âgés de six à treize ans, et avise les personnes qui ont charge de ces enfants de l'époque de la rentrée des classes. Si le père n'a pas fait son choix dans la quinzaine, l'enfant sera inscrit d'office à l'une des écoles publiques. Quant aux enfants qui reçoivent l'instruction dans leur famille, on les astreint chaque année à un examen, et si cet examen est insuffisant, les parents sont mis en demeure d'envoyer leurs enfants dans une école publique ou privée dans la huitaine de la notification.

La loi a attaché à ces obligations une sanction énergique. La personne qui a la garde de l'enfant est déclarée responsable. Lorsqu'un enfant s'est absenté de l'école quatre fois dans le mois, pendant au moins une demi-journée, sans justification admise par la commission scolaire, la personne responsable est appelée devant cette commission qui lui inflige un blâme. S'il y a récidive dans les douze mois, la commission ordonne l'inscription du nom du père à la porte de la mairie. Enfin, s'il y avait nouvelle récidive, l'inspecteur primaire devrait adresser une plainte au juge de paix et il y aurait une contravention pouvant entraîner l'amende et même l emprisonnement. En terminant l'examen sommaire de cette loi remarquons qu'elle a modifié la loi de 1851 relative au contrat d'apprentissage et celle de 1874 sur le travail des enfants, en ce qu'elles avaient trait à l'instruction. La loi de 1882 range d'ailleurs les patrons parmi les personnes auxquelles elle impose l'obligation des déclarations qu'elle prescrit.

Dispositions particulières.

Ce sont des dispositions de lois qui n'atteignent la puissance paternelle que d'une manière tout à fait indirecte et sur un point spécial. Par exemple les lois qui ont trait au service militaire. Il est clair que la puissance paternelle devait céder le pas à l'intérêt de la nation qui est ici en cause. Nul ne saurait y trouver à redire, et ces lois n'ont jamais soulevé d'objections. Du reste le Code civil consacrait lui-même à ce sujet une dérogation à l'autorité du père de famille, et l'article 374 accordait au fils mineur la faculté de contracter, dès l'âge de 18 ans, un engagement volontaire dans l'armée. La loi de 1832, reproduite sur ce point par les lois de 1872, et de 1889, a reculé jusqu'à 20 ans l'âge auquel les mineurs doivent être pourvus du consentement du père ou, à défaut, de celui de la mère, pour pouvoir être enrôlé sous les drapeaux. Remarquons que, d'après la loi du

15 juillet 1889, chaque année les tableaux de recensement des jeunes gens ayant atteint l'âge de 20 ans révolus dans l'année précédente sont dressés par les maires. Les parents ne pourraient donc empêcher leurs enfants de tirer au sort ou de passer au conseil de révision, et ils sont même tenus, d'après cette loi, de faire la déclaration nécessaire pour la formation des tableaux de recensement.

La loi du 9 avril 1881 sur les caisses d'épargnes, qui a trait à une matière complètement étrangère à notre sujet, renferme également une disposition qui vient limiter la puissance paternelle sur un point tout à fait spécial. En effet, l'article 6 de cette loi décide que les mineurs seront admis à se faire ouvrir des livrets sans l'intervention de leur représentant légal. Il faut qu'ils aient atteint l'âge de 16 ans pour pouvoir retirer les sommes figurant sur les livrets ainsi ouverts, et encore leur représentant légal peut-il toujours faire opposition. Par cette disposition la loi a voulu protéger l'épargne d'enfants économes en butte aux obsessions de parents dissipateurs.

CHAPITRE IV

DES DÉCHÉANCES DE LA PUISSANCE PATERNELLE.

Comme nous avons pu le voir, le Code civil, d'accord avec l'idée qu'il se faisait à notre avis de la puissance paternelle, ne prononçait aucune déchéance contre le père de famille qui abusait de son autorité. Du vivant de la mère, il lui laissait, ainsi que nous avons essayé de le démontrer, un pouvoir sans contrôle, auquel il n'apportait de limites que relativement au droit de correction. Tout au plus prononçait-il quelques modifications indispensables à cet état de choses, dans le cas d'absence ou après la prononciation du divorce. Nous avons vu que des lois postérieures au Code sont venues restreindre ce pouvoir, et imposer au père certaines obligations qui ont été édictées principalement en considération du développement physique ou intellectuel de l'enfant.

Ici nous abordons un autre ordre d'idées : c'est à la puissance paternelle tout entière que le législateur va s'en prendre. Le père de famille sera dépouillé de l'autorité que lui conférait le Code, lorsqu'on le jugera indigne de l'exercer. Comme il s'agit là d'une mesure des plus graves, les rédacteurs de nos lois ont regardé à deux fois avant de la prononcer et ce n'est que très lentement qu'ont été adoptées les dispositions qui prononcent la déchéance.

SECTION I. — **Articles 334 et 335 du Code pénal.**

Le premier cas de déchéance de la puissance paternelle date de 1810. En effet, nous voyons en lisant les articles 334 et 335 du Code pénal :

ARTICLE 334. — Quiconque aura attenté aux mœurs en excitant, favorisant ou facilitant habituellement la débauche ou la corruption de la jeunesse de l'un ou de l'autre sexe au-dessous de l'âge de 21 ans, sera puni.....

ARTICLE 335. — Les coupables du délit mentionné au précédent article seront interdits de toute tutelle ou curatelle, et de toute participation aux conseils de famille... — Si le délit a été commis par le père ou la mère, le coupable sera de plus privé des droits et avantages à lui accordés sur la personne et les biens de l'enfant par le Code civil, livre I, titre IX, de la puissance paternelle.

La déchéance prononcée par l'article 335 s'applique-t-elle à *tous* les enfants nés et à naître ? Cette solution serait fort rationnelle ; aussi M. Duranton, se basant sur l'intention probable du législateur, enseignait-il que le père coupable devait être privé de la puissance paternelle sur la personne et sur les biens de ses autres enfants. Mais cette opinion n'a pas triomphé ; elle est en désaccord avec le texte qui dit « de l'enfant », c'est-à-dire de l'enfant qui a amené la condamnation. Puis nous sommes ici en matière pénale, et les lois pénales doivent être interprétées restrictivement. Cette dernière considération nous fera également trancher dans le sens de la négative une autre question qui s'est élevée sur le même texte. L'article 335 ne parle parmi les droits de puissance paternelle qui sont retirés au père que de ceux qui sont énumérés au titre IX du 1er livre du Code civil. Or dans ce titre il n'est question ni de l'administration légale, ni du consentement à donner au mariage ou à l'adoption, ni de l'émancipation. Le père conservera donc, malgré sa condamnation, ces différents droits.

Les deux solutions que nous avons adoptées, et qui triomphaient dans la doctrine, étaient peu conformes à l'intérêt public. Nous verrons que la loi du 24 juillet 1889 a comblé cette lacune du Code pénal.

SECTION II. — **Loi du 7 décembre 1874 relative à la protection des enfants employés dans les professions ambulantes.**

Comme on peut le voir, ce n'est que tout récemment que le législateur a prononcé un second cas de déchéance de la puissance paternelle. Le but de cette loi était de supprimer le vagabondage et de protéger l'enfant employé dans certaines professions où sa vie courait les plus grands dangers. En effet, son article 1er défend à tout individu (ce qui comprend par conséquent les père et mère) de faire exécuter par des enfants de moins de seize ans des tours de force périlleux ou des exercices de dislocation — à tout individu autre que les père et mère, pratiquant les professions d'acrobate, saltimbanque, charlatan, montreur d'animaux ou directeur de cirque, d'employer, dans des représentations, des enfants âgés de moins de seize ans — le tout sous une sanction sévère. La même pénalité sera applicable aux père et mère, exerçant les professions que nous venons d'énumérer, qui emploieront dans leurs représentations leurs enfants âgés de moins de douze ans. — Remarquons que ces dernières dispositions viennent d'être complétées par la loi du 2 novembre 1892 qui interdit, sauf autorisation spéciale, tout emploi d'enfant des deux sexes âgés de moins de treize ans, comme acteurs, figurants, etc., aux représentations publiques dans les théâtres, cirques et cafés-concerts ou aux exhibitions foraines. — De plus la loi de 1874 punit les pères, mères, tuteurs ou patrons qui livreraient soit gratuitement, soit à prix d'argent, leurs enfants, pupilles ou apprentis âgés de moins de seize ans, à des individus exerçant les professions énumérées ci-dessus, ou qui les placeraient sous la conduite de vagabonds, de gens sans aveu ou faisant métier de la mendicité.

En prononçant ces différentes peines, la loi de 1874 comble fort heureusement une lacune de nos Codes. En effet, les articles 274 et 276 du Code pénal ne punissaient ni le père qui faisait mendier ses propres enfants, ni les exploiteurs qui employaient les enfants à la mendicité. D'un autre côté, l'on voyait journellement exhiber dans les cirques des enfants qui exécutaient des tours au péril de leur vie : il n'y avait de remède que dans l'autorité municipale qui pouvait refuser son autorisation.

Mais, où cette loi devient intéressante et neuve, c'est lorsqu'elle frappe de déchéance les pères et mères condamnés, ce que n'avait fait aucune loi depuis le Code pénal sans en excepter les lois qui réglementèrent le travail de l'enfance. Et ici, à la différence de la solution que nous avons donnée avec l'article 335, il faudra dire que la déchéance prononcée sera complète, puisqu'il ne s'agit plus seulement des droits énumérés au titre IX, mais, d'une façon générale, de ceux qui résultent de la puissance paternelle, qu'elle pourra avoir lieu à l'égard de tous les enfants. Seulement ici la déchéance n'a pas lieu de plein droit ; elle n'est que facultative et il est facile d'expliquer cette différence ; dans l'article 335, il s'agit d'actes monstrueux supposant la démoralisation la plus complète chez leur auteur ; au contraire les délits que punit la loi de 1874 comportent des degrés infinis dans la culpabilité. Un saltimbanque qui aura employé son fils dans la représentation qu'il donnait, peut n'en être pas moins un bon père, et il convenait d'agir avec circonspection, étant donné surtout le caractère très grave de la déchéance.

Remarquons en dernier lieu que, d'après la loi qui nous occupe, la déchéance n'était encourue par les père et mère qu'en cas de délit commis contre un de leurs enfants ; nous verrons que, sous l'empire de la loi de 1889, la déchéance peut être prononcée contre quiconque est condamné en vertu d'un des trois premiers articles de la loi de 1874, quand même l'enfant à l'occasion duquel la contravention a été commise ne serait que le pupille ou l'apprenti du condamné, ou même lui serait étranger.

La loi de 1874 a reçu peu d'applications dans la pratique ; le législateur avait en effet négligé de faire connaître le mode de dévolution des droits enlevés aux pères et mères et de créer des ressources financières pour l'exécution de la loi. Aussi l'administration se trouvait-t-elle placée dans une singulière incertitude lorsque les tribunaux avaient prononcé la déchéance. Deux jugements rendus à Paris en 1889 en vertu de cette loi avaient confié les enfants à l'assistance publique. La loi du 24 juillet 1889 que nous allons aborder, leva la difficulté en comprenant la loi qui nous occupe dans ses dispositions.

SECTION III. — **Loi du 24 juillet 1889 sur la protection des enfants maltraités ou moralement abandonnés.**

Nous arrivons à la loi qui a pratiqué la plus large brèche dans l'autorité paternelle et qui forme aujourd'hui le point culminant de l'évolution que nous signalions au début de cette thèse. Jusqu'alors le législateur, ayant toujours la crainte d'être traité de profanateur et de sacrilège, n'osait porter que bien timidement la main sur le pouvoir du père de famille ; nous avons pu en faire la remarque avec l'article 335 du Code pénal et plus récemment avec la loi du 7 décembre 1874, qui ne prononçaient la déchéance que dans quelques cas tout à fait isolés. La loi de 1889 a donc fait preuve d'une grande hardiesse en édictant des dispositions générales contre les parents qui auraient abusé de leur autorité et en organisant tout un système pour la protection des enfants maltraités et moralement abandonnés.

Quelle est la cause qui a pu déterminer notre législateur à prendre de semblables mesures ? C'est qu'il y avait dans nos lois une lacune que nous avons souvent signalée : l'autorité paternelle subsistait dans des cas où l'indignité des parents était manifeste. En pratique, c'était pour les enfants de la classe pauvre que cette lacune se faisait le plus vivement sentir. En ce qui concernait les enfants d'une condition plus élevée, on se contentait de leur appliquer la jurisprudence des tribunaux qui, comme nous l'avons vu, s'étaient arrogé le droit de contrôler la puissance paternelle. Un membre de la famille, la plupart du temps un aïeul, intentait le procès et se chargeait de l'enfant au cas où les juges lui avaient donné gain de cause. Il ne pouvait guère en être de même dans le peuple où la plupart du temps les enfants abandonnés sont sans famille et où il est bien difficile, en admettant qu'ils en aient une, de trouver un parent qui veuille se charger de leur personne et intenter l'action. — Il est vrai qu'un certain nombre d'associations de bienfaisance et de patronage s'étaient fondées pour recueillir ces enfants et les mettre à même de gagner honorablement leur existence. Mais là, autre lacune. Les parents conservant la puissance paternelle pouvaient toujours réclamer leurs enfants et c'est ce qu'ils ne manquaient pas de faire lorsque celui-ci ayant grandi avait appris un métier lucratif. Les particuliers avaient la ressource de la tutelle officieuse, mais c'était là un moyen peu réalisable, car cette tutelle exige des conditions toutes particulières qui ne sont réalisables que pour le petit nombre. — Les associations recoururent à d'autres moyens, et essayèrent de passer avec la famille de l'enfant dont elles se chargeaient un contrat dans lequel était insérée une clause pénale par laquelle les parents s'engageaient à rembourser à la société les sommes qui avaient été dépensées pour l'éducation de ᴜeur enfant, au cas où ils viendraient le réclamer. Mais un tel arrangement ne pouvait guère avoir d'effet pratique ; les parents qui font de pareils abandons sont généralement insolvables ; quant à la personne de l'enfant elle ne peut servir de gage, et les tribunaux se voyaient obligés de condamner l'établissement de bienfaisance à rendre l'enfant à sa famille. On recourut alors à un autre détour et on fit signer par les parents un contrat d'apprentissage ; qu'arriva-t-il ? Les enfants, poussés par leur famille, se rendaient insupportables et force était de les renvoyer.

Ainsi donc soustraire les enfants à la puissance de leurs parents lorsque ces parents les maltraitent ou les démoralisent, et donner aux particuliers ou aux œuvres de bienfaisance les pouvoirs nécessaires pour mener à bien l'éducation des enfants qu'ils recueillent, tel est le double but de la loi de 1889, but que nous indique M. Brueyre dans son rapport au comité de défense des enfants traduits en justice : « Cette loi, disait-il, a été réclamée, préparée, rédigée par ses auteurs, enfin votée par le Parlement dans le but net et précis, je dirai souverain, de placer sous la protection de l'autorité publique certaines catégories d'enfants malheureux, et, d'autre part, le pouvoir judiciaire a reçu de la loi de 1889 la mission haute et sacrée de conférer aux services publics d'assistance et aux œuvres privées consacrées à l'enfance, les pouvoirs de tutelle indispensables pour exercer leur action bienfaisante (1) ».

Jetons en effet les yeux sur la condition des enfants pauvres que les parents maltraitaient ou avaient abandonnés ; jusqu'en 1881 les *enfants assistés* étaient les seuls qui fussent secourus par l'Administration. Or, d'après le décret du 19 janvier 1811, on ne devait comprendre sous cette dénomination que les enfants trouvés, les orphelins pauvres n'ayant ni père ni mère, et ceux dont les parents avaient disparu : ce qui excluait les enfants légitimes malheureux. De plus, par suite d'une circulaire de 1823 qui avait interprété faussement le décret de 1811, les départements n'admettaient pas les enfants âgés de plus de 12 ans, sous prétexte qu'à cet âge on est capable de gagner sa vie. Que résultait-il de mesures de protection aussi manifestement insuffisantes ? C'est que dans les grandes villes un nombre considérable d'enfants se trouvaient sur le pavé et que ces petits malheureux en étaient réduits pour vivre à recourir à la débauche ou à voler à l'étalage. Alors on les arrêtait, on les conduisait au poste ; s'ils n'avaient commis d'autre délit que celui de se trouver en état de vagabondage, on les relâchait au bout de quelques heures ; dans le cas contraire on les envoyait au dépôt, d'où ils passaient au petit parquet. Mais que pouvaient faire les juges à

---

(1) Rapport de M. Brueyre, adressé au Comité de défense des enfants traduits en justice, sur la loi du 24 juillet 1889 et son application.

l'égard de prévenus aussi jeunes, de véritables bambins, puisqu'on en vit arrêter qui n'avaient pas cinq ans ? La plupart du temps il fallait les acquitter faute de discernement. Le mal n'en était pas moins fait ; l'enfant avait subi une promiscuité fâcheuse ; il ne pouvait que retomber dans de nouveaux écarts et achever de se corrompre.

C'est donc à ce déplorable état de choses que nous devons la loi nouvelle. Mais remarquons que notre législateur, une fois à l'œuvre, nous a dotés d'une loi générale et s'appliquant par conséquent à toutes les classes de la société. C'est un point que, dans la pratique, les tribunaux nous semblent trop souvent oublier, et sur lequel nous aurons occasion de revenir. Cette loi a eu indirectement un autre effet considérable : ce droit de contrôle que s'étaient arrogé les tribunaux pour remédier aux lacunes que présentait le Code sur ce point, et qui a fait l'objet de nos critiques, se trouve désormais régularisé. Telle est du moins notre opinion ; nous en exposerons plus loin les motifs.

§ 1. — Historique de cette loi.

Peu de lois ont été d'une élaboration aussi lente et aussi difficile. C'est de la société des prisons, et tout spécialement du rapport du pasteur Robin, qu'est parti le grand mouvement qui lui a donné naissance. Dans son remarquable travail qui rendait compte du système par lequel l'Angleterre et les États-Unis avaient organisé la protection de leurs petits vagabonds (arab boys), le pasteur Robin proposait d'appliquer en France le système anglais par la création d'écoles industrielles qui eussent été dirigées par l'administration pénitentiaire. Mais, pour réussir fallait-il donner ce que possédaient les *reformatories* et le *New-York juvenile Asylum*, c'est-à-dire les droits suffisants pour écarter toute réclamation des parents. Aussi, dans un projet qui date à peu près de la même époque, M. Voisin demandait-il qu'on retirât le droit de garde aux parents indignes. C'est sur ces entrefaites que fut organisé, après un vote favorable du Conseil général de la Seine, le service des enfants moralement abandonnés. Mais l'administration de l'assistance publique, à laquelle on confiait ces enfants, avait toujours à craindre les revendications des parents « qui, comme le disait M. Brueyre, contre l'intérêt de leurs enfants, contre la volonté même de ceux-ci, venaient les réclamer pour en tirer profit et parfois un profit infâme ». Une loi réglementant cette matière était donc réclamée de toutes parts ; aussi M. Roussel rédigea-t-il un projet qu'il déposa au Sénat le 27 janvier 1881, accompagné d'un long exposé de motifs. Mais c'est alors que vont surgir les difficultés les plus grandes et qu'on va se trouver aux prises avec les scrupules plus ou moins bien fondés de ceux qui accusent les promoteurs de la nouvelle loi de vouloir saper les fondements de la puissance paternelle. Et pourtant toutes les monarchies environnantes, notamment l'Allemagne et l'Italie, avaient adopté des dispositions législatives faisant échec aux droits de cette puissance lorsque les parents étaient indignes de l'exercer. Remarquons que, pour calmer ces appréhensions, M. Roussel avait pris soin de ne pas employer dans son projet l'expression « déchéance de la puissance paternelle ». Il ne parlait que du droit de garde. — De son côté, le gouvernement ne restait pas inactif ; il avait réuni une commission extra-parlementaire sous la présidence de M. Martin Feuillée « pour examiner, portait la convocation, les modifications à introduire dans notre législation afin d'enlever au père qui s'en rend indigne l'autorité que la loi lui donne sur ses enfants ; régler les moyens de venir en aide aux enfants abandonnés ; étudier dans quelles conditions on donnera à l'assistance publique, aux sociétés privées et aux particuliers ayant recueilli des enfants moralement abandonnés, le droit de les garder sous leur patronage, malgré les réclamations des parents ». Le gouvernement abordait donc franchement la question de la déchéance de la puissance paternelle et posait nettement ces questions qui allaient recevoir une solution avec la loi de 1889. Les travaux de la commission aboutirent à un projet de loi qui fut présenté au Sénat par le Garde des sceaux le 8 décembre 1881. Les deux projets furent alors soumis concurremment aux observations de la

commission du Sénat qui résolut de les fondre ensemble, et, le 25 juillet 1882, M. Roussel représentait un
nouveau projet beaucoup plus développé, qui ne fut
adopté par le Sénat qu'avec de nombreuses modifications. Ce fut M. Gerville-Réache qui se chargea de porter le projet ainsi modifié à la Chambre des députés ;
mais là, difficultés d'un autre ordre qui faillirent faire
sombrer la loi tout entière, difficultés ayant trait à l'é-
quilibre budgétaire. On ne voulait pas imposer à l'État
de nouvelles charges ; or, en plaçant sous la protection
de l'État tous les mineurs abandonnés ou délaissés,
cette réforme devait entraîner une somme considérable
de dépenses nouvelles ; on parlait d'une dépense supplé-
mentaire annuelle de quinze millions. Le gouvernement, voyant que la question menaçait de s'éterniser,
ne trouva d'autre moyen pour accomplir la réforme pro-
jetée que d'isoler du projet de loi général le titre concernant la puissance paternelle ; il refit donc un projet de
loi qui rappelait à peu de chose près l'ancien projet de
la Chancellerie. A la suite d'un remarquable rapport de
M. Courcelle-Seneuil, le Conseil d'État, auquel le projet
du gouvernement avait été soumis, adopta un nouveau
texte, tandis que, de son côté, le conseil supérieur de
l'Assistance publique en préparait un d'après les données de M. Bruyere. A la suite de ces études un projet de
loi définitif fut présenté par le Gouvernement à la Chambre des députés le 22 décembre 1888, et ce ne fut qu'a-

près plusieurs mois de laborieuses séances que le projet fut définitivement adopté par le Sénat (13 juillet 1889).

§ 2. — Caractère de la loi de 1889.

On est loin d'être d'accord sur le caractère de cette loi. Certains auteurs, M. Duverger entre autres, ont soutenu que la loi de 1889 était pénale, au moins dans sa première partie. Nous ne pouvons admettre cette doctrine. Car ce n'est pas une pensée de répression qui anima les promoteurs de la réforme. Comme le dit fort bien M. Bourcart : « La répression n'était que le moyen, indispensable malheureusement d'arriver à protéger en permettant de lever l'obstacle de la puissance paternelle ». Comment expliquer autrement que, d'après cette loi, la compétence ordinaire et générale soit celle des tribunaux civils ? Que, dans la plupart des cas, l'action en déchéance s'intente suivant une procédure empruntée presque toujours au Code de procédure civile ? Est-ce que cette loi ne modifie pas l'état des personnes ? Ce caractère civil a été reconnu formellement dans les travaux préparatoires : « On accepte difficilement, disait M. Courcelle-Seneuil, que la privation de cette puissance ne soit pas une peine ou l'accessoire d'une peine. Cette privation n'est cependant que la conséquence rationnelle de l'inexécution d'une obligation ». M. Roussel avait parlé dans le même sens au Sénat, et le Garde des sceaux, dans une circulaire du 21 septembre 1889 sur l'application de cette loi s'exprimait ainsi : « Le dessaisissement de la puissance paternelle, préliminaire indispensable de la constitution de la tutelle sur les enfants, n'est pas une mesure de répression, mais une nécessité juridique. C'est l'intérêt seul du mineur qui l'exige, et les mesures édictées par la loi ont assurément un caractère plutôt civil que pénal ». De ce que nous admettons que la déchéance de la puissance paternelle n'est pas une peine, il s'ensuit qu'elle ne peut être rendue aux parents ni par mesure gracieuse ni par la réhabilitation. L'article 15, qui le dit implicitement pour cette dernière mesure, vient confirmer notre opinion.

§ 3. — Caractères de la déchéance prononcée par la loi de 1889.

Cette déchéance a trois caractères principaux : elle est *totale, absolue, perpétuelle.*

1° *Elle est totale.* En effet, aux termes des articles 1 et 2, les parents ne peuvent être déchus que de l'ensemble des droits de la puissance paternelle, aussi bien lorsque la déchéance est obligatoire que lorsqu'elle est facultative. Le projet voté par le Sénat en 1883 permettait au contraire aux tribunaux de ne prononcer qu'une déchéance partielle dans les cas de déchéance facultative. Ce système n'a pas prévalu, et, de même que le Conseil d'Etat, la Chambre des députés l'a repoussé.

Les tribunaux ne pourraient donc pas opérer un triage parmi ces droits, par exemple se contenter de retirer au père la garde de l'enfant, ce qu'ils faisaient fréquemment avant la loi de 89. La loi a voulu que les enfants fussent absolument affranchis de la domination de leurs parents, lorsque ceux-ci se seraient rendus coupables d'un fait pouvant entraîner déchéance.

En effet, sont retirés aux parents déchus les droits de garde, de correction, d'usufruit légal, de consentir au mariage et à l'adoption, l'administration légale, le droit d'émancipation, la tutelle légale, le droit pour le père de nommer un conseil à la mère survivante, le droit de consentir à l'engagement militaire, etc... Cette énumération n'est nullement limitative. L'article 1er le dit formellement, et les déclarations faites dans l'exposé des motifs du projet du Gouvernement et dans le rapport de M. Roussel ont eu lieu dans le même sens. Nous pouvons donc ajouter à cette énumération : le droit pour les père et mère d'autoriser leurs fils mineurs de 25 ans et leurs filles mineures à entrer dans une congrégation religieuse, le droit d'autoriser leurs enfants émancipés à faire le commerce.

Toutefois l'article 1er laisse subsister, malgré la déchéance, l'obligation alimentaire qui résulte du Titre V du Code civil. On n'a pas voulu que les parents indignes tirassent profit de leur mauvaise conduite : « L'effet de la loi serait mauvais, disait M. Courcelle-Seneuil au

Conseil d'Etat, si on donnait à un trop grand nombre
de pères pauvres un moyen commode de se débarrasser
des charges légitimes de la paternité, si la loi elle-même
devenait un moyen d'exploitation ».

De même les droits successoraux continuent à subsister. La loi n'en parle pas, mais un amendement proposé
dans le but contraire a été repoussé ; ce qui prouve l'intention du législateur. — Que les enfants soient appelés
à recueillir la succession de leurs parents, rien n'est plus
juste ; ce ne sont pas eux les coupables, ils ne doivent
pas souffrir de l'indignité de leurs parents ; du reste,
dans la pratique, cette hypothèse ne peut guère se présenter, les parents déchus étant presque toujours insolvables. Mais, dans l'hypothèse contraire, il nous semble
qu'il y a là quelque chose de regrettable. Il peut arriver
qu'au cas où un particulier recueille un enfant ou est
nommé son tuteur officieux, il s'y attache et l'institue
son légataire ; admettons maintenant, que ce tuteur
décède, et que son héritier le mineur meure avant
d'avoir atteint sa majorité ; voilà le père indigne qui va
recueillir la fortune de celui qui l'a remplacé dans des
devoirs qui n'incombaient qu'à lui seul, sans qu'il y
ait moyen de prévenir un semblable résultat. N'y a-t-il
pas là un grave inconvénient, de nature à empêcher le
tuteur officieux de faire des libéralités au profit de son
pupille ?

Bien entendu, l'enfant conserve son nom de famille ;

la tutelle officieuse n'a jamais eu un tel effet ; il faudrait un texte, et il n'y en a un que pour l'adoption.

Les parents déchus peuvent-ils continuer à entretenir des relations avec leurs enfants, à les voir, à leur écrire ? On admet généralement l'affirmative. Ce résultat nous semble pourtant inadmissible et en contradiction avec le but qu'a poursuivi la loi. On dit, il est vrai, que les tribunaux auraient le pouvoir d'interdire ces visites et cette correspondance lorsque la preuve serait acquise que les parents cherchent à donner de mauvais conseils à leurs enfants ; ce qui nous amène à conclure que la personne ayant la tutelle pourra toujours prendre connaissance des lettres des parents et que les visites ne peuvent avoir lieu qu'en présence de témoins. Mais nous irons plus loin ; nous croyons que la loi a voulu rompre toutes relations entre les parents et leurs enfants afin de soustraire ces derniers aux mauvaises influences. Comme le disait M. Léon Clément au Sénat : « C'est une sorte de mort civile limitée à la puissance paternelle ». La loi manquerait son but, si, par exemple, l'on remettait en présence l'enfant et le père qui a commis sur lui un attentat à la pudeur. Pour nous, ce doit être l'administration ou la personne à laquelle on a remis l'enfant qui doit être souverain juge en cette matière ; c'est elle qui doit décider dans quelles conditions elle pourra mener l'éducation du pupille à bonne fin. — Tout au plus pourrait-on accorder aux tribunaux, dans les cas où la déchéance est facultative, le droit de régler ces visites. — Mais, bien entendu, nous laisserons à la mère qui n'a pas été déchue, mais à qui l'exercice de la puissance paternelle n'a pas été confiée en vertu de l'article 9, le droit de voir ses enfants et de correspondre avec eux. Quant aux autres ascendants qui voudraient voir l'enfant contre la volonté du tuteur officieux ou de l'administration gardienne, nous ne pouvons leur accorder aucun droit. Ceci n'est qu'une conséquence de la théorie que nous avons adoptée au début de notre thèse. Pour nous ils n'ont aucun droit propre sur l'enfant.

2° *Elle est absolue*, en ce sens qu'elle doit être prononcée à l'égard de tous les enfants nés et à naître. « Un père indigne d'exercer la puissance paternelle à l'égard d'un enfant, a-t-on dit au Sénat lors de la discussion de la loi, doit être indigne de l'exercer à l'égard de tous ». L'article 9 est là qui confirme cette opinion. Et pourtant ce principe, si formellement reconnu lors de la discussion de la loi, n'est pas toujours mis en pratique par les tribunaux, et l'on a pu voir le tribunal de la Seine, dans un jugement du 25 juin 1890, déclarer un père de 5 enfants mineurs déchu de la puissance paternelle à l'égard seulement de trois de ses enfants. Où la situation sera fort délicate, c'est lorsque les condamnations auront été antérieures au mariage du condamné. De nombreuses divergences se sont élevées à ce sujet. Nous continuerons d'appliquer le même principe : la loi parle des *enfants à naître* et ne fait pas de distinction. Pour les cas de déchéance prononcés par l'article 1er, il ne peut guère y avoir de doute ; le condamné qui s'est rendu coupable de tels méfaits ne peut être qu'un individu d'une immoralité complète, et l'on a tout intérêt à lui retirer immédiatement les droits qu'il pourrait avoir sur les enfants qui lui naîtraient par la suite. Mais, dans cette hypothèse, nous permettrons à la mère de demander au tribunal l'attribution de la puissance paternelle. Ce cas nous semble prévu par l'article 9.

3° *Elle est perpétuelle.* La suspension temporaire de la puissance paternelle pour une durée de 1 à 5 ans avait été admise primitivement par le Sénat. Il n'en est plus question dans la rédaction définitive.

§ 4. — Étude du texte de la loi de 1889.

Cette loi qui porte comme intitulé : « Loi sur la protection des enfants maltraités ou moralement abandonnés » se divise en deux titres. Le premier de ces titres comprend trois chapitres ayant trait à la déchéance de la puissance paternelle, à l'organisation de la tutelle en cas de déchéance, et à la restitution qui peut être faite aux parents de leur autorité. Nous nous attacherons à faire un commentaire détaillé de ces matières, parce que c'est ici que la loi de 1889 a eu une portée considérable.

Par contre, nous ne dirons que quelques mots des mesures administratives renfermées dans le titre II ; ce qui nous intéressera particulièrement dans ce titre, ce sera cette sorte de délégation judiciaire, véritable création de la loi que nous allons étudier, que les parents peuvent faire de leurs droits de puissance aux établissements de bienfaisance ou même à de simples particuliers.

Causes de déchéance. — La loi en énumère un certain nombre. Parmi ces causes, les unes emportent de plein droit déchéance de la puissance paternelle, les autres laissent au tribunal plein pouvoir d'appréciation. Remarquons que cette différence ne tient pas à la gravité du crime et des peines qui y sont attachées. Les juges auront la faculté de conserver à l'assassin les droits que la loi lui conférait sur ses enfants, et cependant il a pu être condamné aux travaux forcés, alors qu'ils devront nécessairement prononcer la déchéance contre un père qui aura été condamné deux fois pour excitation habituelle de mineurs à la débauche, délit qui ne peut entraîner au maximum qu'un emprisonnement de deux années. Et la raison de cette différence se comprend aisément : celui qui a commis un assassinat peut avoir gardé intact son attachement pour ses enfants et il n'y a rien d'impossible à ce que ce soit un excellent père ; au contraire celui qui a subi une condamnation pour attentat aux mœurs, dans les conditions aggravantes que nous venons de signaler, est certainement un dépravé ;

il est à craindre qu'il ne corrompe ses enfants ; dès lors, il importe qu'on lui en retire la direction.

Qu'entend-on par ces mots « *déchéance de plein droit* ? » Il est bien certain que si l'action a été mise en mouvement par le ministère public ou un proche parent comme le comporte l'article 3, les tribunaux sont liés et doivent nécessairement prononcer la déchéance. Mais il se peut que personne ne l'ait demandée ou qu'il y ait eu erreur. La déchéance existe-t-elle néanmoins ? La question est intéressante. Voilà un père qui, après avoir subi une condamnation, laquelle aurait dû entraîner déchéance, émancipe son enfant ; l'émancipation sera nulle suivant le parti qu'on prendra dans la discussion. En pratique, la question ne fait pas de doute ; pour que la déchéance existe, il faut que les tribunaux l'aient prononcée. Cette solution nous paraît pourtant contraire au texte si formel de l'article 1ᵉʳ : « Les père et mère *sont déchus de plein droit* ». Est-ce que la déchéance des droits politiques, l'interdiction légale, qui sont cependant des peines, ne résultent pas, sans qu'il soit nécessaire de les prononcer, de certaines condamnations ? Ne doit-il donc pas en être ainsi de la déchéance de la puissance paternelle, à plus forte raison même pour ceux qui, comme nous, ne lui donnent pas le caractère de peine. On objecte que les termes des articles 3 et 9 sont généraux : or ces articles disent que l'action doit être intentée ; nous répondrons qu'ils ne peuvent pas s'appliquer à toutes les hypothèses, puisqu'ils n'ont trait qu'à la procédure de déchéance intentée devant les tribunaux civils ; or est-ce que la déchéance ne peut pas être prononcée également par les tribunaux criminels ?

Remarquons que la loi de 1889 a cité dans ses dispositions les quelques cas de déchéance qui existaient alors, c'est-à-dire les hypothèses prévues par l'article 335 du Code pénal et la loi du 7 décembre 1874. Elle a voulu présenter ainsi un exposé complet des situations dans lesquelles la déchéance de la puissance paternelle peut être encourue ; d'autre part elle avait pour but de faire cesser les controverses que précédemment nous avons vues s'élever sur ces cas particuliers ; la déchéance qu'elle prononce est générale ; elle s'appliquera par conséquent à tous les enfants nés et à naître, et à tous les droits résultant de l'autorité du père de famille.

Titre Ier. — *Cas où la déchéance est encourue de plein droit.* — Dans tous les cas qui vont suivre, pour que la déchéance soit encourue d'une façon définitive, il faut que la condamnation pénale ne puisse plus faire l'objet d'aucun recours.

La déchéance est encourue de plein droit : 1° Par tout individu condamné par application du paragraphe 2 de l'article 334 du Code pénal, c'est-à-dire pour excitation habituelle à la débauche de ses enfants mineurs, de son pupille ou de mineurs quelconques.

2° Par tout individu condamné soit comme auteur,

co-auteur ou complice d'un crime commis sur la personne d'un ou plusieurs de ses enfants, soit comme co-auteur, ou complice d'un crime commis par un ou plusieurs de ses enfants. — Il se peut, dans la dernière hypothèse, que l'enfant soit acquitté comme ayant agi sans discernement ; la puissance paternelle n'en devra pas moins être retirée au père. Le nouveau projet de loi belge a eu le soin de prévoir expressément ce cas. Si l'enfant avait été acquitté purement et simplement, il n'en serait plus ainsi ; alors même que le père serait condamné, il ne serait plus vrai de dire qu'il y a eu participation, et, par suite, complicité.

3º Par tout individu condamné deux fois comme auteur, co-auteur ou complice d'un délit commis sur la personne d'un ou plusieurs de ses enfants.

4º Par tout individu condamné deux fois pour excitation habituelle de mineurs à la débauche. — Ce paragraphe a été ajouté sur la demande du Conseil supérieur de l'Assistance publique. Dans le projet primitif, ce ne devait être qu'un cas de déchéance facultative, mais on a pensé avec raison que l'immoralité complète des parents était suffisamment démontrée par la récidive d'un tel délit.

TITRE II. — *Cas où la déchéance n'est encourue que facultativement.* — 1º Par les père et mère condamnés aux travaux forcés à perpétuité ou à temps, ou à la réclusion, comme auteurs, co-auteurs ou complices d'un crime autre que ceux prévus par les articles 86 à 101 du Code pénal, c'est-à-dire des crimes ayant un caractère purement politique.

Nous croyons qu'au cas où la peine serait commuée les personnes désignées dans l'article 3 conserveraient le droit d'intenter l'action en déchéance. Il est de principe que les suites accessoires de la condamnation ne disparaissent pas par la grâce.

2° Par les père et mère condamnés deux fois pour un des faits suivants : séquestration, suppression, exposition ou abandon d'enfants ou pour vagabondage. Lorsqu'on rapproche ce paragraphe du paragraphe 2 de l'article 1ᵉʳ, il semble au premier abord qu'il y ait contradiction. L'expression « faits » est générale et ne distingue pas suivant qu'il y a crime ou délit. Or, parmi les faits que cite ce paragraphe, il y en a qui peuvent être considérés tantôt comme crimes, tantôt comme délits. C'est ainsi que la suppression d'enfant constitue un crime si l'enfant a vécu, un délit dans le cas contraire (article 345 du Code pénal). On voit l'intérêt de la question : si on admet l'interprétation extensive, ne devra-t-on pas décider que, pour que la déchéance de la puissance paternelle puisse être prononcée, il faut que le crime ait été accompli deux fois, et encore le tribunal jouira-t-il d'un pouvoir discrétionnaire ? C'est dans ce sens que s'était prononcée la Cour d'assises de la Drôme : une femme avait été condamnée pour avoir supprimé son propre enfant qui avait vécu ; la Cour décida qu'il n'y avait pas lieu de lui enlever la puissance paternelle par rapport à ses autres enfants mineurs, parce que le fait incriminé n'avait été accompli qu'une seule fois. Cet arrêt a été cassé dans l'intérêt de la loi (8 mars 1890) (1), et, nous le croyons, avec raison. Mais les motifs invoqués par la Chambre criminelle de la Cour de cassation ne nous semblent pas justes. D'après cet arrêt, le paragraphe 2 de l'article 2 ne s'appliquerait qu'au cas où les faits prévus constitueraient des délits, mais ne dérogeait pas à l'article 1er § 2, pour le cas où ces faits constitueraient des crimes ; autrement, ajoute la Chambre criminelle, il y aurait contradiction entre ces deux textes, et cela contre les intentions évidentes du législateur. Ce n'est pas là, croyons-nous, la différence qui sépare ces deux articles ; autrement avec cette interprétation, pour échapper à la contradiction que nous venons de signaler, nous retomberions dans une autre ; en effet, le paragraphe 2 de l'article 2 ferait alors double emploi avec le paragraphe 3 de l'article 1er. Pour nous, le législateur a voulu traiter dans l'article 1er § 2, des *crimes*, et dans le même article § 3, des *délits* commis par *les père et mère* sur la personne de leurs propres enfants — puis, dans l'article 2, des faits de séquestration, suppression ou abandon d'un enfant *étranger* au condamné. — On comprend alors aisément la différence qu'établit la loi relativement

(1) Dalloz, 1890, 1, 233.

à la déchéance de la puissance paternelle. Cette interprétation est la seule qui ne mette pas le législateur en
contradiction avec lui-même, et elle se justifie rationnel-
lement. Comme le dit M. Deloynes (1) : « Si la victime
est un étranger, l'indignité des père et mère n'est pas
aussi manifeste ; on peut espérer que l'affection paternelle les empêchera de commettre sur leurs propres enfants des actes semblables à ceux dont ils se sont rendus
coupables sur d'autres ». De plus, remarquons que le
mot « faits » devient absolument compréhensible avec
notre interprétation, puisque, dans ce cas, il peut y avoir
tantôt crime, tantôt délit. — M. Nillus (2), qui a défendu
la solution donnée par la Cour d'assises de la Drôme, a
proposé une distinction qui nous paraît d'une subtilité
excessive : d'après lui, il faudrait distinguer les crimes
commis *sur* la personne de l'enfant, c'est-à-dire ceux
qui affectent sa personne physique (tels qu'assassinat,
infanticide, etc.), d'avec les crimes commis *contre* sa
personne, comme l'enlèvement du mineur, le refus de
le rendre à qui en a légalement la garde : « La loi, dit-
il, n'a voulu faire résulter la déchéance que de violences
matérielles et directes *sur* la personne de l'enfant ».
Dès lors la suppression d'un enfant qui n'a pas vécu
n'entraînerait pas la déchéance de plein droit.

---

(1) Note de M. Deloynes sous l'arrêt précité de la Cour de cassation. Dalloz.
1890, 1, 233.
(2) Nillus, *Déchéance de la puissance paternelle et protection des enfants
recueillis avec ou sans l'intervention des parents*, 1891.

3° Par les père et mère condamnés par application de l'article 2 § 2 de la loi du 23 janvier 1873 (c'est-à-dire pour récidive du délit d'ivresse publique après une première condamnation prononcée depuis moins d'un an) ou des articles 1, 2 et 3 de la loi du 7 décembre 1874. — Les tribunaux feront bien d'agir avec une grande réserve dans l'application de la première hypothèse visée par ce paragraphe. Comme l'a fait remarquer M. Brueyre (1) dans son rapport de 1891, dans la vie réelle et notamment dans certaines parties de la France où l'ivrognerie est un vice général, un ivrogne peut être un excellent père. — La loi du 7 décembre 1874 se trouve englobée dans les dispositions de la loi de 1889 ; ce rappel, comme nous l'avons déjà dit, a son utilité, puisque, d'après la loi nouvelle, la déchéance est encourue alors même que l'enfant serait complètement étranger au condamné ;

4° Par les père et mère condamnés une première fois pour excitation habituelle de mineurs à la débauche ;

5° Par les père et mère dont les enfants ont été conduits dans une maison de correction, par application de l'article 66 du Code pénal. Ce paragraphe remédie à une situation fâcheuse qui résultait de la loi du 5 avril 1850. Cette loi décidait bien que les jeunes détenus, sortant d'une maison de correction, devaient être placés sous le patronage de l'Assistance publique pendant

(1) Rapport fait par M. Brueyre en 1891, page 24.

trois ans au moins, mais l'Assistance publique n'était
pas alors organisée ; elle n'a pris une existence réelle
que depuis la loi de 1889 ; il résultait de là qu'en fait
les enfants retombaient sous l'autorité de leurs parents.
D'ailleurs l'enfant était toujours libérable à 20 ans. Désormais ces enfants auront une tutelle régulière qui se
prolongera jusqu'à leur majorité.

6° En dehors de toute condamnation, par les père et
mère qui, par leur ivrognerie habituelle, leur inconduite
notoire et scandaleuse ou par de mauvais traitements,
compromettent soit la santé, soit la sécurité, soit la moralité de leurs enfants. — Ce paragraphe constitue l'innovation la plus importante de la loi de 1889. Avec lui
les tribunaux vont se trouver investis d'un pouvoir considérable ; le contrôle qu'ils voulaient s'attribuer sous
l'empire de la législation antérieure sera désormais régularisé. Une circulaire du Garde des sceaux a fait remarquer que cette disposition était analogue à celle de
l'article 444 du Code civil, qui exclut de la tutelle et déclare destituables, s'ils sont en exercice, les gens d'une
inconduite notoire. Le fond de cette observation est
juste, mais la portée de notre disposition est tout autre
et les conséquences beaucoup plus étendues : la déchéance de la puissance paternelle est une mesure autrement grave que l'exclusion de la tutelle. Aussi les
tribunaux mettent-ils une certaine hésitation à mettre
en pratique ce paragraphe et le ministère public prend-

il ici rarement l'initiative, surtout lorsqu'il s'agit d'enfants appartenant à la classe riche. On peut voir à ce sujet les doléances de M. Brueyre et les réclamations du Conseil supérieur de l'Assistance publique. — Remarquons que, pour pouvoir prononcer la déchéance, il faut que les faits invoqués soient notoires, et que, de plus, la santé, la sécurité ou la moralité des enfants soit réellement compromise. Autrement le pouvoir des tribunaux dégénérerait en un véritable droit d'inquisition. Nous approuverons donc un jugement du Tribunal de la Seine (26 mars 1890) (1), qui décide que le fait d'entretenir une concubine ne suffit pas pour faire considérer un père de famille comme se livrant à l'inconduite d'une façon notoire et scandaleuse.

Que faut-il entendre par l'expression « mauvais traitements » ? Ces mots ont-ils un sens large embrassant tous les abus de la puissance paternelle ? M. Deloynes le croit ; pour lui, la déchéance pourrait être prononcée non seulement lorsque l'enfant est victime de coups et blessures, mais encore lorsque le père le prive du nécessaire. Cette interprétation a l'avantage de donner aux tribunaux un pouvoir général de contrôle ; dans toutes les hypothèses qui se présenteront, et où ils croiront devoir soustraire l'enfant à l'autorité de ses parents, ils pourront prononcer la déchéance. Cette solution est certainement celle que nous aurions voulu voir consa-

(1) Rapport Peyron, page 24.

crée par la loi ; mais nous ne croyons pas que le texte comporte cette interprétation extensive. Dans la langue usuelle, l'expression « mauvais traitements, » indique des actes de brutalité, des voies de fait et correspond au mot « sévices » employé par la loi au titre du divorce. L'opinion de M. Deloynes n'a du reste pas triomphé dans la pratique.

Conséquences de la déchéance.

Article 8. — Tout individu déchu de la puissance paternelle est incapable d'être tuteur, subrogé-tuteur, curateur ou membre du conseil de famille. On a conclu de ce texte que le père déchu de la puissance paternelle était seulement incapable de faire partie du conseil de famille de ses enfants mineurs, mais non d'un autre conseil de famille, l'article 8 n'employant pas à ce sujet l'expression générale de l'article 445 du Code civil. Cette opinion ne nous semble pas admissible ; il faudrait une disposition plus formelle de la loi pour admettre une pareille inconséquence.

En cas de déchéance de la puissance paternelle, les droits du père et, à défaut du père, les droits de la mère, quant au consentement au mariage, à l'adoption, à la tutelle officieuse et à l'émancipation, sont exercés par les mêmes personnes que si le père et la mère étaient décédés. En cas de déchéance du père, la mère peut, sans être déclarée déchue, se voir refuser l'exercice de la puis-

sance paternelle. Nous croyons que, dans cette hypothèse, les droits que nous venons d'énumérer passent à
la mère, car n'oublions pas que même en ce cas la puissance paternelle continue de lui appartenir. Le tribunal
a un pouvoir absolument discrétionnaire pour décider,
en cas de déchéance prononcée contre le père, si les droits
de puissance paternelle seront exercés par la mère. Cette
disposition a soulevé de violentes critiques. « Est-il admissible, disait-on, de faire supporter à l'époux innocent
la peine infligée à l'époux coupable ? » Certes il y a là
une mesure rigoureuse ; mais il faut reconnaître que sans
elle la loi eût été bien souvent éludée. Les époux continuant à vivre ensemble, le père aurait en fait exercé l'autorité, et c'est précisément ce que la loi nouvelle voulait
empêcher.

Le même pouvoir discrétionnaire permet au tribunal
de décider si la tutelle sera constituée dans les termes
du droit commun ou remise à l'Assistance publique. L'intérêt de l'enfant guidera les juges.

En cas de survenance d'enfant ou de second mariage,
la mère peut toujours s'adresser au tribunal pour lui demander l'attribution de la puissance paternelle sur ses
enfants. La mère investie de cette puissance possède à
l'avenir tous les droits relatifs à la personne et aux biens
de ses enfants (droits de garde, de correction, d'usufruit
légal jusqu'à la dix-huitième année, d'administration légale pendant toute la minorité).

On peut se demander ce qui se passera en cas de décès du père contre lequel la déchéance a été prononcée, alors que les tribunaux n'ont pas jugé bon d'investir la mère de la puissance paternelle ? Nous ne trouvons dans la loi aucune disposition relative à ce sujet ; mais il nous semble logique de décider que la mère reprendra tous ses droits. Nous avons vu pourquoi le législateur permet au tribunal d'écarter la mère et de déférer la tutelle à un étranger. Le motif unique de cette décision était la crainte qu'elle ne fut sous la dépendance de son mari. Une pareille appréhension ne saurait exister dans notre hypothèse : dès lors nous retombons sous l'empire du droit commun (article 373 du Code civil).

Si le tribunal a décidé de constituer la tutelle conformément au droit commun, on suivra les règles du Code civil : le conseil de famille, convoqué par le juge de paix, désignera le tuteur. Remarquons qu'il ne pourra y avoir lieu qu'à une tutelle dative, la tutelle légitime des ascendants ne s'ouvrant jamais du vivant des père et mère. En admettant que le mineur fût déjà en tutelle au moment où le jugement a prononcé la déchéance, et que cette tutelle appartînt à un autre qu'au survivant des père et mère il nous semble qu'il devrait y avoir lieu à une nouvelle désignation du conseil de famille, le choix de l'ancien tuteur pouvant d'ailleurs être confirmé ; bien plus, le tribunal pourrait confier l'enfant à l'Assistance publique ; on ne voit pas pourquoi il serait lié par une décision prise antérieurement aux événements qui ont fait encourir la déchéance. Les termes généraux de l'article 10 nous semblent commander cette solution. De plus, la famille est en quelque sorte devenue suspecte. Qu'on n'invoque pas contre nous le principe de la stabilité nécessaire pour mener à bonne fin l'éducation du mineur, puisque le législateur a bien admis la restitution de la puissance paternelle.

Si nous supposons que le tuteur, nommé avant le jugement prononçant la déchéance, a été laissé en exercice, et qu'il meurt par la suite, nous déciderons que le tribunal reprenne tous ses droits. La loi nous semble lui avoir laissé, dans toutes ces hypothèses, un pouvoir absolument discrétionnaire. Mais faut-il qu'au moment du décès du tuteur les père et mère ne soient pas morts tous les deux ; autrement nous retomberions sous l'empire du droit commun. Pendant que l'action en déchéance est intentée, s'il n'y a pas encore de tuteur, il sera nécessaire d'attendre le prononcé du jugement ; autrement il pourrait y avoir là un moyen de tourner la loi ; le juge de paix ne pourrait donc pas convoquer le conseil de famille et la décision que prendrait ce conseil à cet égard serait nulle.

On a vivement contesté au tribunal le droit de nommer le tuteur. Nous avons plusieurs décisions judiciaires (Tribunal de Pithiviers, 12 février 1890, tribunal de Pont-Audemer, 9 décembre 1890) (1) donnant une solution

(1) Rapport, insp. Eure, n° 20.

contraire, et nous croyons qu'elles sont dans le vrai. Encore une fois, l'article 10 semble laisser au tribunal, sur tous ces points, les pouvoirs d'appréciation les plus étendus. Ne résulte-t-il pas de ces mots : « Le tribunal décide si la tutelle sera constituée dans les termes du droit commun », par *a contrario*, qu'il a le droit de prendre un autre parti ? Or cet autre parti ne peut pas être exclusivement de confier l'enfant à l'Assistance publique ; puisque le tribunal n'a qu'à garder le silence pour qu'il en soit ainsi. Toujours est-il que la question ne fait pas de doute lorsqu'il s'agit de constituer la tutelle officieuse.

Observons qu'au cas où les tribunaux auraient gardé le silence dans leur jugement sur l'organisation de la tutelle, cette tutelle appartiendrait à l'Assistance publique. Il n'y a donc pas besoin, comme on le fait en pratique, de la donner par une disposition expresse à cette administration. Mais si la tutelle a été confiée à l'Assistance publique, ou à une autre personne qu'à l'ascendant, et que les père et mère décèdent, nous croyons que l'ascendant reprendra tous ses droits quant à la tutelle légale. Il faudrait un texte pour le priver de ce droit. Cette solution concorde avec celle que nous avons donnée relativement à la mère qui, avant le décès du père contre lequel la déchéance avait été prononcée, ne possédait pas l'exercice de la puissance paternelle.

Si l'enfant a été recueilli par une société privée régulièrement autorisée à cet effet, cette société jouira des droits de la puissance paternelle, mais le fond même de cette puissance appartiendra à l'Assistance publique qui ne fera en quelque sorte qu'en déléguer l'exercice à la société. Il y a là une division de droits fort curieuse qui rappelle le partage de la propriété en domaine éminent et en domaine utile.

Au cas où les père, mère et autres ascendants ne sont pas indigents, ils doivent payer une pension alimentaire qui sera fixée par le tribunal. Cette solution a été prise en considération des mêmes motifs qui avaient déterminé le législateur à continuer l'obligation alimentaire.

Quant aux règles de la tutelle organisée par la loi de 1889, elles sont, en principe, les mêmes que celles de la tutelle ordinaire. Toutefois il y a deux particularités remarquables : d'une part le tuteur n'est pas tenu d'accepter cette charge, d'autre part les biens de ce tuteur ne sont pas grevés de l'hypothèque légale. En effet, les mineurs auxquels s'applique cette loi sont, la plupart du temps, sans fortune, et par ailleurs les hypothèques légales sont si gênantes dans la pratique que nos législateurs modernes cherchent le plus possible à les éviter. Du reste, au cas où le mineur possède ou est appelé à recueillir des biens, la loi ne le laisse pas sans protection, car elle permet au tribunal d'ordonner, dans cette hypothèse, la constitution d'une hypothèque générale ou spéciale jusqu'à concurrence d'une somme déterminée. Il s'agit donc là d'une hypothèque ordinaire, sujette à inscription et qui ne prend rang qu'à compter du jour de l'inscription. Si le jugement avait été muet sur ce point, il n'y aurait pas d'hypothèque, et le procureur de la République ne pourrait pas en requérir l'inscription. Toutefois nous croyons que le tribunal pourra toujours par la suite prononcer la constitution de cette hypothèque. L'intérêt du mineur à être garanti par cette mesure de protection peut n'apparaître que plus tard. L'article 10 ne dit pas que ce soit seulement au moment où le tribunal rend le jugement prononçant la déchéance que la constitution de l'hypothèque puisse être ordonnée.

Restitution de la puissance paternelle. — Le principe même de la restitution a été vivement combattu lors des discussions qui ont précédé le vote de la loi. Il n'y aura, disait-on, aucune stabilité, aucune suite dans la direction de l'éducation de l'enfant. On répondait à cela, et non sans raison, que si le père avait fait amende honorable, il était d'une rigueur excessive de le laisser sous le coup d'une déchéance aussi dure : « Le coupable le plus endurci peut se repentir, disait M. Courcelle-Seneuil, le plus mauvais peut devenir bon ». Le principe de la restitution a donc été adopté. Toutefois si la déchéance a été la conséquence nécessaire ou facultative d'une condamnation pénale, les père et mère ne peuvent être admis à se faire restituer la puissance paternelle qu'après avoir obtenu leur réhabilitation. Si au contraire les parents n'ont encouru aucune condamnation, ils peuvent

librement former une demande en restitution ; toutefois
on ne recevra cette demande que trois ans après le jour
où le jugement qui a prononcé la déchéance est devenu
irrévocable. — Notons que, dans tous les cas, le tribunal jouit d'un pouvoir absolument discrétionnaire.

Lorsque la restitution est admise, les père et mère déchus rentrent en possession de toutes leurs prérogatives.
La tutelle qui a pu être constituée cesse de plein droit ;
mais le père devra respecter tous les actes régulièrement
accomplis pendant la période de déchéance. Le tribunal
peut toujours accorder une indemnité au tuteur.

La demande qui a été rejetée ne pourra plus être
réintroduite, si ce n'est par la mère, après la dissolution du mariage. On n'a pas voulu, dans l'intérêt des enfants, que de semblables procès fussent constamment
renouvelés.

Procédure de l'action en déchéance. — Nous ne dirons
que quelques mots de la procédure organisée par la loi
de 1889 lorsqu'il s'agit d'intenter l'action en déchéance,
afin de ne pas sortir du cadre de notre sujet. Le seul
point qui doive ici attirer notre attention, c'est que les
tribunaux de répression peuvent prononcer la déchéance de la puissance paternelle tout comme les tribunaux
civils. Il n'en était pas de même dans les projets primi-
tifs, où la déchéance ne pouvait jamais être prononcée
que par les tribunaux civils. Aujourd'hui le tribunal de
répression (cour d'assises ou tribunal correctionnel) a

ce pouvoir, et, en même temps, statuera sur les droits de la mère et l'organisation de la tutelle. On évitera ainsi des lenteurs et des frais. Cependant certains jugements ont décidé, à l'encontre de notre solution, qu'à la juridiction civile seule il appartenait de prendre les mesures provisoires. Cette jurisprudence nous semble en opposition formelle avec les termes généraux de l'article 9. « Dans les cas de déchéance facultative, le tribunal qui la prononce statue *par le même jugement* à l'égard des enfants nés et à naître » qui ne distinguent pas si le tribunal est civil ou criminel. De plus les travaux préparatoires de la loi et surtout son esprit ne laissent aucun doute sur les intentions du législateur de ne pas restreindre la compétence du tribunal ni de l'empêcher, contrairement à l'intérêt de l'enfant, de statuer sur la tutelle quand il se jugeait assez éclairé pour le faire. — Nous approuverons donc la décision du tribunal de Pithiviers (12 février 1890) qui ordonne la constitution de la tutelle dans les termes du droit commun, et l'arrêt de la cour d'assises de la Nièvre (12 mai 1891) qui confie la puissance paternelle à la mère.

Mais une fois que le tribunal de répression a rendu sa décision dans l'affaire qui lui était soumise, aucune question relative à la puissance paternelle ne peut plus être tranchée que par le tribunal civil. C'est ce tribunal qui forme ici la juridiction de droit commun. Comme nous l'avons dit, la loi que nous commentons est une loi civile.

Tutelle officieuse constituée en vertu de la loi de 1889. — La tutelle officieuse, telle qu'elle avait été organisée par le Code civil, était à peu près inconnue dans la pratique. Les conditions auxquelles elle était soumise étaient trop rigoureuses. Le plus souvent cette tutelle constituait un préliminaire de l'adoption. Bien différente en cela est la tutelle officieuse qu'organise la loi nouvelle. Comme le dit M. Courcelle-Seneuil : « C'est simplement la forme d'un acte de bienfaisance louable entre tous les autres, mais qui ne confère au pupille aucun droit actuel ou éventuel sur les biens du tuteur. Une fois l'enfant élevé, en état de gagner sa vie, toutes les obligations de droit sont remplies, et il ne reste plus qu'un lien purement moral entre le tuteur et le pupille ». Nous conclurons de là qu'il n'y a aucune identité de règles entre la tutelle officieuse telle qu'on la concevait en 1804, et celle dont il est ici question ; dans le silence de la loi, nous n'appliquerons pas les dispositions des articles 361 et 364 du Code civil (Il faut être âgé de plus de 50 ans — ne pas avoir d'enfants ou descendants légitimes. — Les mineurs qui font l'objet de cette tutelle doivent avoir moins de 15 ans).

Dans quels cas la loi de 1889 permet-elle la constitution de la tutelle officieuse ? En premier lieu, lorsqu'une action en déchéance de la puissance paternelle est intentée, toute personne peut faire une demande incidente au tribunal pour que l'enfant dont les parents sont en cause lui soit confié et qu'on établisse à son profit la tutelle officieuse. D'autre part, le particulier chez lequel un enfant a été placé, sous réserve de tutelle, par une administration de bienfaisance ou par le directeur de l'Assistance publique à Paris, peut, après 3 ans, s'adresser au tribunal et lui faire la même demande. En formulant cette demande, la personne qui aspire à la tutelle officieuse doit déclarer qu'elle se soumet aux obligations prévues par le paragraphe 2 de l'article 364 du Code civil, c'est-à-dire qu'elle prend à sa charge l'obligation de nourrir le pupille, de l'élever et de le mettre en état de gagner sa vie. Mais, à la différence du Code civil où l'article 369 dispose qu'une indemnité est due par le tuteur officieux qui ne veut pas adopter son pupille devenu majeur, et qui ne se trouve pas en état de gagner sa vie, la loi de 1889 n'a établi aucune sanction pour notre hypothèse, et cela de propos délibéré, puisque le projet de la Chancellerie édictait le contraire. On a pensé avec raison qu'il fallait faciliter cette tutelle et ne pas en éloigner les personnes bienfaisantes.

Quels seront les pouvoirs du tuteur officieux? Il aura tout d'abord les pouvoirs d'un tuteur officieux ordinaire, tels qu'ils ont été réglés par le Code civil. Sur ce point il n'y a pas de doute possible. Par conséquent il administrera les biens et devra rendre des comptes de tutelle lorsque son administration cessera. Nous avons du reste, à ce sujet, une disposition formelle de l'article 13 de la loi de 1889 qui déclare applicables à notre cas les articles 365 et 370 du Code civil. Le tuteur officieux aura également les droits de garde et d'éducation. — Quant aux droits d'émancipation, de correction et de consentement au mariage, la question est bien plus difficile, et nous aurons à distinguer suivant que le tuteur officieux aura été nommé à la suite d'une demande incidente qu'il aura formée au cours du procès en déchéance, ou lorsqu'il se sera fait attribuer la tutelle après avoir obtenu de l'Assistance publique la remise de l'enfant. — Dans la première hypothèse, en ce qui concerne le droit de correction, nous suivrons les règles ordinaires de la tutelle (article 468 du Code civil : Le tuteur doit adresser sa plainte au conseil de famille qui sera constitué d'après les règles du droit commun). Il n'y a donc pas à s'occuper des père et mère. — Quant aux droits de consentement au mariage et d'émancipation, ils seront exercés par les mêmes personnes que si les parents étaient décédés. Le tuteur officieux, s'il veut émanciper son pupille, devra donc convoquer le conseil de famille, qui seul pourra statuer sur la question. — Dans la seconde hypothèse, le tuteur officieux a les pouvoirs d'un tuteur ordinaire ; toutefois il peut se présenter ceci de particulier qu'en faisant la cession à l'Assistance publique les parents se soient réservé une partie des attributs de la puissance paternelle. Lorsqu'un acte excédera les pouvoirs du tuteur, il faudra donc consulter les termes du contrat pour savoir si ce sont les père et mère ou l'Assistance publique qui pourra l'exécuter. Si aucune réserve n'a eu lieu de la part des parents, l'Assistance publique seule aura le droit d'émanciper l'enfant ou de donner son consentement à son mariage.

TITRE III. — Nous avons dit au début de ce commentaire que nous serions très bref en ce qui concerne ce titre. Les matières qu'il traite ressortent pour la plupart de notre sujet et sont surtout intéressantes au point de vue administratif. Ici nous allons trouver pour la première fois dans nos lois une notion exacte de ce qu'est l'Assistance publique.

L'Assistance publique peut en effet exercer les droits de puissance paternelle sur des mineurs dans différentes hypothèses.

1° Lorsque, la déchéance ayant été prononcée, le tribunal n'a pas cru devoir accorder à la mère l'exercice des droits de puissance paternelle et décider que la tutelle serait constituée dans les termes du droit commun.

2° Dans le cas visé par l'article 17, lorsque des administrations d'assistance publique, des associations de bienfaisance régulièrement autorisées à cet effet, des particuliers jouissant de leurs droits civils, ont accepté la charge de mineurs de 16 ans à la suite d'un contrat intervenu avec les parents, le tribunal peut décider qu'il y a lieu, dans l'intérêt de l'enfant, de déléguer à l'Assistance publique les droits de puissance paternelle abandonnés par les parents.

3° Lorsque des associations de bienfaisance ou des particuliers ont recueilli des enfants mineurs de 16 ans, sans l'intervention des parents, le tribunal peut également décider, dans le cas où il ne confère au requérant qu'une partie des droits de la puissance paternelle, que les autres, ainsi que la puissance paternelle, sont dévolus à l'Assistance publique.

4° Enfin lorsque le préfet obtient du tribunal que le particulier ou l'association à laquelle l'enfant avait été remis, soit dessaisie de tout droit sur ce dernier et qu'il soit confié à l'Assistance publique.

Le seul point qui nous intéressera tout particulièrement dans ce titre, et dont nous avons déjà dit quelques mots au début de cette thèse, lorsque nous avons traité de l'inaliénabilité de la puissance paternelle, c'est ce contrat d'une nature toute particulière qui peut intervenir entre des associations ou des particuliers d'une part et les parents de l'autre, et par lequel ces derniers se dessaisissent de tout ou partie des attributs de la puissance paternelle, au profit du particulier ou de l'œuvre de bienfaisance. Il y a là une innovation considérable de la loi de 1889, une tentative audacieuse qui remédiera aux inconvénients que nous avons signalés sous l'empire de la législation antérieure. Désormais on ne verra plus de parents venir réclamer leurs enfants lorsque ceux-ci pourront constituer à leur égard une source de profits ; le contrat exécuté, il sera impossible aux père et mère de revenir sur les concessions qu'ils auront faites. — Ce n'est pas sans difficulté que cette mesure originale a été adoptée. Le projet de la commission de la Chancellerie faisait même preuve de plus de hardiesse et créait un véritable contrat de dessaisissement. Mais beaucoup se récrièrent, disant que la puissance paternelle allait être mise dans le commerce et qu'on allait assister à une véritable « traite des blancs ». Pour calmer ces scrupules juridiques le Conseil d'Etat supprima les articles du projet qui avaient trait à ce contrat, et le conseil supérieur de l'Assistance publique y substitua un système beaucoup plus compliqué, consistant en déclarations faites en présence des juges par les parents et les représentants des œuvres de bienfaisance, à la suite desquelles le tribunal peut décider qu'il y a lieu dans l'intérêt de l'enfant de déléguer à l'Assistance publique les droits de puissance paternelle. Les établissements privés et les particuliers n'ont donc jamais que l'*exercice* de ces droits. L'intervention discrétionnaire de la justice a été une garantie sérieuse donnée aux partisans de l'inaliénabilité des pouvoirs du père de famille.

La cession ne peut être consentie que par le père, à défaut du père par la mère, et à défaut des deux par le tuteur muni d'une autorisation du conseil de famille. La loi, dont le texte ici est assez vague, ne semble pas exiger pour cette cession le consentement simultané du père et de la mère, comme cela a lieu en cas d'adoption ou de tutelle officieuse. Si la mère ne doit pas être appelée à donner son avis sur un acte d'une telle importance, qui va la dépouiller de ses droits les plus chers, il y a là quelque chose d'exorbitant que l'on doit réformer au plus vite. Remarquons que la délégation ne peut avoir lieu qu'à l'égard des mineurs de 16 ans. Le législateur a pensé qu'au-dessus de cet âge un enfant pouvait se tirer d'affaire.

Après bien des discussions on a fini par admettre que la cession pourrait porter sur la totalité des droits qui appartiennent au père de famille ; celui-ci n'est du reste pas forcé de les abandonner tous et peut conserver ceux qu'il préfère. Toutefois, alors même que le père se serait réservé le droit de consentir au mariage de ses enfants, l'Assistance publique, au cas de refus obstiné, pourrait le faire citer devant le tribunal qui donnera ou refusera son consentement, les parents entendus ou dûment appelés, dans la chambre du conseil. C'est là une disposition fort remarquable, grâce à laquelle on pourra éviter bien des abus ; il est très regrettable que le législateur ne l'ait pas étendue aux droits de consentir à l'adoption et à l'engagement militaire.

Il peut arriver qu'une fois la cession faite, le père

meure. La mère recouvrera-t-elle alors les droits de puissance paternelle ? On admet généralement la négative
en se fondant sur ce que le père a pu valablement disposer du sort de ses enfants ; n'est-ce pas ainsi que seul
il les émancipe ? Cette solution nous semble exorbitante.
Est-il possible que le père puisse céder les droits d'un
autre ? Le Code a du reste appliqué ce dernier principe ;
c'est ainsi que nous avons vu que le père ne pourrait pas
restreindre les droits de puissance paternelle que la
mère serait appelée à exercer après sa mort. Quant à
l'émancipation on ne peut pas dire qu'il y ait analogie
avec le cas qui nous occupe : la cession peut avoir des
effets autrement graves. Du reste, en ce qui concerne le
consentement au mariage, il ne semble pas possible, étant
donnés les termes si formels de l'article 149, que le père
puisse en dépouiller la mère.

Il peut arriver que l'association auquel l'enfant a été
confié se dissolve ou que le particulier gardien meure.
Comme la cession qui a eu lieu était essentiellement
personnelle, les droits qui en ont fait l'objet ne peuvent
passer aux hériters de ces personnes. Mais feront-ils retour aux parents ou bien à l'Assistance publique ? C'est
une hypothèse sur laquelle la loi a gardé le silence ; mais
il nous semble assez naturel de restituer ces droits aux
parents. Lorsque les père et mère ont comparu devant
le tribunal, ils ne songeaient qu'à une cession faite à une
œuvre déterminée ou au particulier en cause. Du reste

les parents peuvent toujours réclamer leur enfant. C'est le tribunal qui sera juge en la matière et, en cas de remise de l'enfant, fixera l'indemnité due à celui qui en a eu la charge. La demande qui a été rejetée ne peut plus être renouvelée que trois ans après le jour où la décision du rejet est devenue irrévocable.

Les enfants confiés à des particuliers ou à des sociétés de bienfaisance sont sous la surveillance de l'État, représenté par le préfet du département, et sous la surveillance de l'Assistance publique qui, comme nous l'avons dit, possède la puissance paternelle, dont les particuliers ou les sociétés n'ont que l'exercice. Ce droit de surveillance est sanctionné par une amende, et même par l'emprisonnement s'il y a récidive ; de plus le préfet du département et l'Assistance publique peuvent toujours se pourvoir devant le tribunal afin d'obtenir, dans l'intérêt de l'enfant, que le particulier ou l'association soit dessaisie de tout droit sur ce dernier, et que l'enfant soit confié à l'Assistance publique. Le tribunal jouit sur ce point d'un pouvoir souverain d'appréciation.

SECTION IV.— **Jurisprudence suivie en matière de puissance paternelle depuis la loi du 24 juillet 1889.**

Pour terminer cette étude de la loi de 1889, nous allons traiter la question la plus intéressante peut-être qu'ait soulevée dans la pratique l'application de cette loi. Nous avons dit que la jurisprudence, voulant combler les lacunes que présentait sur ce point le Code civil, avait reconnu aux tribunaux un droit de contrôle sur la personne des enfants, en un mot un véritable pouvoir réglementaire. Cette jurisprudence peut-elle continuer à recevoir son application sous l'empire de la loi nouvelle ? Le juge, si l'on se trouve dans un cas de déchéance facultative ou dans un cas non spécifié, peut-il se borner à enlever aux parents indignes certaines prérogatives de la puissance paternelle ?

La réponse que nous donnerons à la question est facile à prévoir. Dans tout le cours de cette thèse, nous avons essayé de démontrer le caractère arbitraire du droit de contrôle que les tribunaux s'étaient attribué ; pour nous la justice ne peut s'immiscer dans les droits du père qu'en vertu d'un texte ; il doit en être de même à plus forte raison maintenant qu'une loi spéciale a spécifié les cas dans lesquels ce contrôle peut ou doit s'exercer.

Les tribunaux se sont ralliés à cette dernière solution, et, reniant leur ancienne jurisprudence (ce qui constitue, comme nous l'avons dit, un argument si sérieux dans notre discussion précédente) proclament qu'aujourd'hui ils ne peuvent réprimer les abus de la puissance paternelle que dans les conditions prévues par la loi nouvelle. Mais, dans la doctrine, il est loin d'y avoir cet accord, et nombre d'auteurs critiquent ce revirement de la jurisprudence, estimant que si l'on attribue un pareil effet à la loi de 1889, son but sera complètement manqué et qu'une nouvelle loi deviendra bientôt nécessaire.

Les raisons invoquées à l'appui de cette manière de voir sont nombreuses, nous les grouperons sous cinq chefs principaux :

1° Le premier argument, emprunté à M. Naquet (1), peut se résumer de la façon suivante : La puissance paternelle a été organisée par le Code civil dans l'unique intérêt de l'enfant. Il faut donc une action pour défendre cet intérêt lorsqu'il est menacé, et cela sans qu'il soit besoin d'un texte, car « en toute matière, il est permis de recourir à l'autorité des tribunaux et de leur demander qu'ils examinent s'il y a eu exagération ou abus, comme le dit l'arrêt de la Cour de cassation du 8 juillet 1857 ». Or le législateur de 1889 a voulu fortifier et non restreindre ce contrôle judiciaire de la puissance paternelle. Le rapport de M. Gerville-Réache du 12 janvier 1889 prouve que la loi nouvelle a eu surtout pour but de combler une lacune du Code en énumérant dans quels cas la déchéance totale peut être prononcée ; elle ne parle nulle part de la jurisprudence antérieure ; ce silence est significatif, c'est qu'elle entend que l'on continue à l'appliquer dans les cas où une déchéance

---

(1) Note de M. Naquet placée sous l'arrêt de la Cour d'Aix en date du 12 novembre 1890 ; Sirey, 1891, 2, 25.

totale serait trop rigoureuse. Elle ne pouvait d'ailleurs prévoir tous les abus possibles de l'autorité paternelle ; il y a même des cas où, sans qu'il y ait abus, la position de l'enfant est digne d'intérêt, et la justice doit intervenir. En résumé, on a voulu étendre le pouvoir des tribunaux en augmentant considérablement le nombre des cas de déchéance ; mais, en dehors des cas spécifiés par la loi, on n'a pas entendu restreindre leur droit de contrôle. Ce n'est du reste là que l'application du vieil adage : « Qui peut le plus peut le moins ».

2° En second lieu, on invoque les travaux préparatoires de la loi de 1889, d'après lesquels, en frappant de déchéance les parents indignes, le législateur aurait voulu surtout protéger les enfants des familles pauvres que la jurisprudence précédente laissait sans protection. Le rapport de M. Roussel en fait foi : « Pour la protection des enfants des classes riches, dit-il, *la jurisprudence qui se rattache à l'arrêt du 27 janvier 1879 est assurément suffisante* ; mais ne faut-il pas des bases plus exactement déterminées pour organiser devant les tribunaux la protection des enfants déclassés et maltraités des classes indigentes ? »

3° Si la loi de 1889 a fait absolument table rase du passé, dit M. Bourcart (1), si elle a effacé les traditions anciennes dont le Code civil reflétait l'esprit et repro-

---

(1) Note de M. Bourcart sous l'arrêt de la Cour de Poitiers en date du 21 juillet 1890 ; Sirey, 1891, 2, 17.

duisait des applications ; en un mot si l'on prétend que le Code civil est abrogé et que désormais la seule ressource consiste dans la déchéance totale, il faut rayer l'article 730 du Code civil, qui prive le père indigne de l'usufruit légal, l'article 386 qui prive également de cet usufruit le parent contre lequel le divorce aurait été prononcé, les articles 267 et 302, car tous ces articles consacrent des déchéances particulières.

4° La loi de 1889, ajoute M. Didier (1), n'est ni générale ni impérative. *Elle n'est pas générale* : le paragraphe 6 de l'article 2 en fait foi. Il est impossible de faire rentrer sous l'expression « mauvais traitements », tous les abus de l'autorité paternelle. Le Conseil d'Etat avait proposé une rédaction beaucoup plus large de cet article ; on aurait pu frapper le père de déchéance dans tous les cas « d'abus graves de la puissance paternelle ». La loi définitive n'a pas admis cette rédaction, mais elle n'a pas entendu pour cela laisser sans protection les enfants victimes d'abus graves de la puissance paternelle et ne rentrant pas dans les termes du paragraphe 6. Il est bien plus naturel de supposer que le législateur n'a voulu attacher la déchéance qu'aux abus très graves dont parle le paragraphe 6, parce que, pour tous autres abus, la peine, c'est-à-dire la déchéance, eût été hors de proportion avec les faits à réprimer. Et, dans les autres cas, les tribunaux se contenteront d'enlever au père indigne

(1) Etude sur la loi du 24 juillet 1889 par M. Louis Didier.

les prérogatives dont il abuse, par exemple la garde de
ses enfants. « Les tribunaux, disait M. Pradines dans
son rapport, se feront une loi de n'atteindre le père que
dans ceux des droits et avantages dont l'exercice leur
semblera devenu incompatible avec son indignité cons-
tatée et l'intérêt de ses enfants ».

Elle n'est pas impérative, c'est-à-dire que, même dans
les cas énumérés limitativement dans l'article 2, les personnes à qui la loi de 1889 permet d'intenter l'action
en déchéance, pourront, si cela leur semble suffisant,
limiter leur demande à tel attribut de la puissance paternelle, le droit de garde par exemple, en suivant alors
la procédure de droit commun ;

5° Si le système du « tout ou rien » est celui que la
loi de 1889 a fait prévaloir, une nouvelle loi est nécessaire, car la loi actuellement en vigueur constituerait un
mouvement de recul sur la législation antérieure. En effet, dans bien des cas, les tribunaux n'oseront pas prononcer la déchéance ; ils trouveront la mesure trop rigoureuse et nous aurons des jugements analogues à
celui de Toulouse (3 juillet 1890) (1) où nous voyons acquitter un père qui rouait de coups ses enfants, les attachait avec des courroies sur des chaises pour les battre,
parce que, dit le tribunal « ces faits ne sont pas suffisants pour justifier une mesure aussi grave que la déchéance de la puissance paternelle », alors que le même

(1) Sirey, 1891, **2**, 19.

tribunal aurait certainement prononcé le retrait de la
garde sous l'empire de la législation antérieure. En sorte
que, grâce à une loi qui a été faite pour la protection de
l'enfance, l'enfant qui, dans l'ancien système, aurait pu
être protégé, restera désormais à la merci de ses parents.

Nous avons dit la raison qui nous fait repousser ce système : avant comme après la loi nouvelle, nous ne pouvons admettre, à défaut d'un texte, que les tribunaux
contrôlent la puissance paternelle. Aujourd'hui la loi de
1889 est venue étendre considérablement les cas dans
lesquels les tribunaux peuvent prononcer la déchéance.
Nous appliquerons donc ces cas lorsqu'ils se présenteront. Dans les autres hypothèses nous reconnaissons
qu'il y a lacune.

Mais comment expliquer l'abandon par les tribunaux
de leur ancienne jurisprudence ? Nous allons voir qu'ils
donnent de nombreuses raisons de leur revirement et
qu'ils répondent par des arguments très serrés aux objections du premier système.

Tout d'abord les décisions prises autrefois émanaient
des tribunaux civils saisis dans les formes de la procédure de droit commun, tandis que, d'après la loi nouvelle, les tribunaux de répression peuvent aussi bien que
les tribunaux civils prononcer la déchéance, et que, pour
saisir dans ce cas le tribunal, la loi de 1889 a tracé des
règles spéciales.

D'autre part, et nous abordons ici un des côtés les

plus intéressants et les plus discutés de la question, sous
l'empire de l'ancienne jurisprudence la perte des droits
attachés à la puissance paternelle était partielle (nous
avons dit en effet que jamais les tribunaux n'étaient allés
jusqu'à prononcer la déchéance totale, sauf, bien entendu
dans les cas de l'article 335 du Code pénal ou de la loi
du 7 décembre 1874), tandis que, selon la jurisprudence
et selon nous, la loi de 1889 n'a admis qu'une déchéance
totale et indivisible.

Lors de la confection de la loi de 1889, la déchéance
partielle avait des partisans ; M. Duverger la défendit éner-
giquement : « Une loi prononçant la déchéance, disait-il
est une loi de répression, une loi pénale ; on simplifierait
le projet si l'on se contentait d'étendre à la suspension
de certains droits de la puissance paternelle, les dispositions des articles 444 et suivants du Code civil ». Le
projet primitif de la Chancellerie admettait même cette
déchéance, et la commission du Sénat l'avait accueillie
dans le texte nouveau qui fut adopté par cette assemblée.
Mais, en 1888, le Conseil d'État repoussa la déchéance
partielle : « Le Conseil, disait M. Courcelle-Seneuil dans
son rapport, n'a pas compris qu'on pût être père à demi,
ou au tiers, ou au quart ; pour que la condition de l'enfant
soit stable, il faut qu'il soit placé sous l'une ou l'autre
puissance, et que celle du père soit entière ou ne le soit
pas ». Ces arguments l'emportèrent et la déchéance partielle n'a pas passé dans la rédaction définitive de la loi.

Comme l'a fait remarquer **M.** Roussel, maintenir les parents dans leur puissance paternelle en ne les privant que de la garde de l'enfant c'était leur permettre de troubler son éducation par une intervention de chaque jour. Aussi lisons-nous dans la circulaire du ministre de l'Intérieur du 16 août 1889 : « La déchéance est indivisible ; dans tous les cas, et sous réserve de la dette alimentaire qu'elle laisse subsister entre les ascendants déchus et l'enfant, elle entraîne la perte de tous les droits qui se rattachent à la puissance paternelle ». La Cour de Poitiers a parlé dans le même sens (arrêt du 21 juillet 1890) (1) : « L'indignité susceptible de produire cette déchéance constitue un état indivisible ; la déchéance est totale et les tribunaux ne peuvent pas en fractionner les conséquences ; par suite, depuis la loi de 1889, la garde des enfants ne peut pas être enlevée *principaliter*, et en dehors des cas de déchéance, même pour mauvais traitements ou inconduite notoire. Mais, ajoute la Cour, si l'indignité des père et mère forme un état indivisible, il ne faudrait pas en conclure que la puissance paternelle avec ses attributs ne peuvent pas se trouver divisés en vertu de la loi ». A cela nos adversaires répondent que les arguments invoqués par M. Courcelle-Seneuil sont erronés : « Il y a là disent-ils, une confusion entre la puissance paternelle et la qualité de père. La qualité de père est bien réellement indivisible, alors que la puissance

(1) Dalloz, 91, 2ᵉ partie, p. 73.

paternelle, qui n'est autre chose que l'ensemble des droits
nécessaires aux parents pour s'acquitter du devoir d'é-
ducation qui leur est imposé par la nature et par la loi,
peut parfaitement se diviser ; et c'est ce qu'a reconnu
M. Pradines dans son rapport à la première sous-com-
mission : L'examen attentif des règles de la puissance
paternelle, dit-il, démontre que, si une suppression en
bloc des droits et avantages dont elle se compose est jus-
tifiée en certains cas, ses attributs divers ne répugnent
pas à ce qu'on distingue entre eux dans d'autres cas, et
à ce qu'on les soumette à une sorte de ventilation, lorsque la suppression en bloc ne semble pas commandée.
— Du reste la loi de 1889 n'admet-elle pas elle-même
cette divisibilité de la puissance paternelle lorsque, dans
son article 20, elle permet au tribunal de confier aux
personnes qui ont recueilli un enfant l'exercice de *tout
ou partie* des droits de la puissance paternelle, ajoutant
que, dans le cas où il ne confère au requérant qu'une
partie des droits de la puissance paternelle, les autres,
ainsi que la puissance paternelle, sont dévolus à l'Assistance publique. — Puis est-ce que les travaux préparatoires ont l'autorité du texte de la loi ? M. Courcelle-
Seneuil a très bien pu, dans son rapport, n'exprimer
que ses opinions personnelles. D'ailleurs pourquoi parler de déchéance partielle ? Il n'y a pas de déchéance
lorsque les tribunaux font usage du pouvoir que les principes généraux du droit leur confient ; tout au plus y a-

t-il réglementation de la puissance paternelle. D'ailleurs le père conserve la *jouissance* complète de tous les attributs de cette puissance ; il perd seulement l'*exercice* de l'un d'eux. Il n'y a donc pas à craindre de conflits entre le père déchu de certains droits et le tuteur investi de ces mêmes droits. »

Nous répondrons qu'alors même que l'argumentation de M. Courcelle-Seneuil serait erronée, il n'en faudrait pas moins reconnaître que c'est elle qui a été la cause de la rédaction du texte de la loi. Les travaux préparatoires ne sont évidemment pas la loi, mais dans bien des cas ils servent à l'éclairer. On dit que l'article 20 admet la déchéance partielle ; dans cette hypothèse il s'agit non pas d'un cas de déchéance de la puissance paternelle, mais d'une simple délégation. Quant à la distinction établie entre la jouissance et l'exercice des droits de puissance paternelle n'est-elle pas d'une subtilité excessive ?

En reprenant les arguments invoqués dans le système adverse et que nous avons invoqués plus haut, nous répondrons à M. Naquet, qui nous dit que la puissance paternelle a été organisée par le Code civil dans l'intérêt exclusif de l'enfant, que nous voudrions bien savoir d'où il tire ses preuves ; n'avons-nous pas démontré qu'il est impossible de savoir à quelles inspirations le législateur a obéi dans sa rédaction du titre IV ? et nous avons conclu de ses hésitations qu'on ne pouvait que s'en rapporter au texte de la loi ; or nous ne voyons nulle part la loi parler de ce droit de contrôle. M. Naquet ajoute : tout intérêt donne matière à une action. Oui, sans doute, lorsque cet intérêt est consacré par la loi positive ; or est-ce bien le cas ici ? Du reste, si l'on poussait à bout le système précédent, il n'y aurait pas une seule des prérogatives se rattachant à la puissance paternelle qui ne pût être mise en question relativement à chacun des actes de son exercice. C'est ainsi qu'il faudrait admettre les proches du mineur à critiquer le consentement des père et mère au mariage ou à l'émancipation ou leur refus de consentement ; de même il faudrait admettre que le majeur de moins de 25 ans peut critiquer le refus de consentement à son mariage ou à son adoption.

Nous répondrons à M. Bourcart : vous nous parlez d'abrogation du Code civil, mais est-ce que vous trouvez dans ce Code un seul article où il soit dit que les tribunaux ont un droit de contrôle sur la puissance paternelle ? Or aujourd'hui que nous avons une loi précise, qui énumère limitativement les cas de déchéance, qui règle soigneusement les formes dans lesquelles l'action doit être intentée et détermine les personnes qui pourront engager le procès, est-il admissible de reconnaître aux tribunaux, en dehors de tout texte, un pouvoir général de statuer en ces matières sans limitation de cas, sur la demande de toute personne et dans des formes quelconques ?

On nous dit que la loi de 1889 n'a eu en vue que les classes indigentes ; on ne peut nier que sa cause déterminante n'ait été la protection des enfants pauvres, mais est-il admissible qu'une fois votée, elle ait entendu établir une différence basée sur la fortune ; à notre époque, avec une constitution qui repose comme la nôtre sur le principe de l'égalité, une pareille distinction est impossible. Du reste si la loi de 1889 n'avait eu qu'un but d'assistance, pourquoi aurait-elle autorisé la constitution de la tutelle dans les termes du droit commun ? La tutelle de l'Assistance publique aurait répondu à tous les besoins.

Quant aux travaux préparatoires qu'on nous cite, ils n'ont aucune autorité puisqu'ils se rapportent à une époque où les projets admettaient la déchéance partielle.

« Qui peut le plus peut le moins », rien de plus faux en droit que cet axiome. On dit : « Mais alors c'est le système du tout ou rien que vous appliquez ? » Peut-être et nous ne nions pas qu'en pratique cela ne soit fort regrettable, mais c'est au législateur qu'il faut adresser le reproche. On ne peut pas résoudre la question avec des considérations d'intérêt privé ni même d'intérêt général.

H. 15

CONCLUSION.

Nous avons examiné successivement toutes les lois modificatives de la puissance paternelle qui ont été promulguées jusqu'à nos jours. Nous pouvons donc maintenant nous rendre un compte exact de ce que sont aujourd'hui les droits et les obligations du père de famille, et des déchéances qui peuvent l'atteindre en cas d'infraction à ses devoirs. A ce sujet, nous avons constaté quel changement s'est accompli dans les idées depuis le commencement du siècle, et combien ce mouvement, qui fut lent à se produire, s'accentue à l'heure actuelle. L'évolution que nous signalions au début de cette thèse est loin d'être terminée ; il y a là un incessant travail de transformation, une marche en avant qui s'effectuent parallèlement au développement des idées politiques et sociales. Le principe de l'individualité humaine, si longtemps méconnu dans nos anciennes organisations, a pris sa revanche dans une société démocratique comme la nôtre.

Sans doute l'enfant aura toujours besoin d'un protecteur, et ce protecteur doit être armé de pouvoirs suffisants pour mener à bien l'éducation de celui qui lui est confié par la loi et la nature. Mais l'autorité que les lois

concèdent au père de famille ne doit pas laisser place
aux actes arbitraires, et là encore, à notre sens, des réformes s'imposent. Nous avons déjà réclamé au cours
de cette étude la suppression du droit de correction par
voie d'autorité et le remaniement des règles de la correction par voie de réquisition. L'administration légale,
de l'avis de tout le monde, présente des lacunes qu'on
s'étonne de n'avoir pas encore vues disparaître de notre
législation. Un point plus délicat est de savoir si les parents ne devraient pas être contraints de donner à leurs
enfants le genre d'instruction et d'éducation convenable
relativement à leur fortune ou à leur position sociale.
Pour nous la question ne saurait faire de doute : est-il
admissible qu'un père millionnaire, par entêtement stu-
pide ou par système, élève ses enfants comme d'hum-
bles artisans, les place par exemple en apprentissage ou
les embarque en qualité de mousses. Mettons à part le
cas où la mère s'opposerait à de semblables mesures ;
nous en parlerons tout à l'heure. Mais admettons que
les deux époux soient d'accord ou que la mère soit morte,
est-ce que la famille ou les tribunaux ne devraient pas
pouvoir intervenir dans l'intérêt des enfants ? C'est alors
qu'on s'aperçoit de la lacune que présente le Code : il
faudrait une sanction à l'article 203. L'opinion des auteurs qui, comme MM. Aubry et Rau, donnent le pouvoir
aux juges de prescrire dans ce cas les mesures nécessaires, est à notre avis la seule équitable, mais, dans

l'état actuel des textes nous semble arbitraire. La loi de
1882 a bien fixé un minimum d'instruction que le père
doit donner à son enfant sous la sanction d'une peine,
mais ce minimum, assurément suffisant pour les enfants
d'une condition ordinaire, peut être dérisoire lorsqu'il
s'agit d'enfants dont les parents occupent la situation
dont nous parlons. Il y a donc là un point que le législateur devrait réformer. Mais nous n'irons certes pas jusqu'à réclamer le rétablissement de l'action dotale. L'enfant majeur, que les parents ont mis en état de gagner
sa vie, ne peut plus rien leur demander, et c'est sur leur
bienveillance seule qu'il doit désormais compter. Autrement il en résulterait une ingérence des tribunaux dans
les affaires du père de famille, puisqu'il faudrait vérifier
sa situation de fortune, et cette ingérence serait regrettable à tous les points de vue.

En second lieu, le législateur ne nous semble pas
avoir encore pris toutes les mesures nécessaires pour
protéger efficacement la santé et la moralité de l'enfant.
La loi de 1889 qui constitue un si grand progrès à ce
point de vue, présente encore des lacunes à ce sujet.
Est-ce que la déchéance qu'elle prononce ne devrait pas
atteindre les parents qui, par le refus systématique de
tout soin, laissent leurs enfants privés du nécessaire et
des soins que réclame leur bas-âge? Comme le dit
M. Leloir : « Il n'y a pas que les actes positifs qui peuvent contribuer au martyre d'un enfant, il y a des omis-

sions également ». M. Flandin, dans la séance du 17 février 1892, a donné lecture à la société générale des prisons d'une proposition qui tend à l'adjonction d'un paragraphe à l'article 311 du Code pénal. D'après ce projet les père et mère qui auront laissé leurs enfants de moins de 12 ans à l'abandon ou privés des soins nécessaires et proportionnés à l'importance de leurs ressources, seront punis d'une amende, lorsque leur négligence n'aura pas porté atteinte à la santé des mineurs et d'un emprisonnement de 1 mois à 2 ans lorsque le défaut de soins ou les mauvais traitements infligés auront été de nature à compromettre la santé des enfants. — Nous ne pouvons que souhaiter de voir ce texte adopté par les Chambres ; il viendrait heureusement compléter la proposition de MM. Engerand et Leydet qui, comme nous l'avons dit, n'a trait qu'aux coups et blessures. — De même la loi de 1889 n'a pas atteint complètement le but moralisateur qu'elle poursuivait; nombre d'enfants sont encore errants et se livrent au vagabondage ou à la débauche. Cette question est beaucoup plus difficile à résoudre ; ainsi préoccupe-t-elle toujours notre législateur. Tout récemment M. Guillot proposait au comité de défense des enfants traduits en justice un projet de loi qu'il intitulait : « Loi sur la protection des enfants mendiants et errants ». Désormais l'Etat aurait un droit de surveillance et de garde sur les mineurs qui ayant, sans autorisation ni cause légitime, quitté le domicile légal de leurs parents et tuteur où ils étaient mis par ceux à l'autorité ou à la direction desquels ils étaient soumis ou confiés, seront trouvés soit errants, soit logeant en garni, ou n'exerçant aucune profession régulière, ou tirant ressources de la débauche, de la mendicité ou de métiers prohibés. Les mineurs trouvés en cet état seront arrêtés. Au cas de première arrestation, le tribunal pourra remettre le mineur à ses parents, s'ils ne sont pas indignes. Si le mineur a déjà été arrêté pour le même fait, il devra être traduit devant le tribunal qui le placera sous la surveillance de l'État jusqu'à sa majorité et ordonnera son envoi dans des établissements spéciaux, appelés par le projet « Écoles de préservation ». S'il est constaté que la situation de l'enfant est imputable à la négligence ou à la faute des parents, le tribunal, sans préjudice de l'application de la loi de 1889, leur infligera une amende et prononcera contre eux l'interdiction des droits civiques. Il devra dans tous les cas condamner les parents à payer, à titre de contribution aux frais d'éducation de l'enfant, une somme qui variera de 1/4 jusqu'à 1/3 des prix fixés par l'administration pour l'entretien de l'enfant. Il y a dans ce projet des dispositions fort heureuses ; malheureusement il est à craindre que les difficultés budgétaires n'en empêchent la réussite.

Enfin un dernier point qui tient à un état de choses plus général, à la condition de la femme dans notre lé-

gislation actuelle, nous semble également exiger des réformes. Nous voulons parler de la situation que notre
législateur fait actuellement à la mère de famille. Il nous
paraît inadmissible que la mère n'ait pas vis-à-vis de ses
enfants les mêmes droits que le père. Nous ne voulons
pas pour cela faire disparaître du Code le principe qui
est contenu dans l'article 373. Autrement on tomberait
dans l'anarchie si, pour chaque acte concernant les enfants, il fallait exiger le consentement simultané du père
et de la mère et, en cas de désaccord, recourir aux tribunaux. Encore ferions-nous nos réserves en ce qui concerne l'éducation des filles. Nul autre que la mère ne
nous semble plus apte à en avoir la direction. C'est pour
cela que nous verrions avec plaisir la loi reconnaître la
clause par laquelle il est dit que les filles seront élevées
dans la religion de la mère. N'est-ce pas là du reste ce
qui se passe en pratique entre époux qui s'entendent ;
le législateur ne ferait que sanctionner un usage universellement répandu.

Lorsque les père et mère vivent ensemble, afin de
concilier les droits rivaux, nous proposerions la distinction suivante : parmi les actes concernant les enfants, il
y en a quelques-uns qui sont si graves et qui se présentent si rarement dans le cours de l'existence que nous
exigerions l'accord simultané des deux époux pour leur
perfection. C'est ce que la loi a décidé du reste pour le
cas d'adoption. Mais pourquoi ne pas agir de même à

l'égard d'autres actes analogues comme le consentement au mariage, l'entrée dans les ordres sacrés, la délégation judiciaire organisée par la loi de 1889, l'émancipation. Au contraire nous laisserions au père les actes qui se renouvellent chaque jour. C'est ainsi qu'il administrera les biens de ses enfants mineurs, mais avec les garanties que nous réclamons.

Le mariage dissous, l'inégalité de la femme se manifeste d'une façon encore bien plus choquante dans nos lois, car ici il n'y a plus à craindre l'anarchie qui se produirait par la rivalité de deux droits égaux. Il est malheureux que la réforme de la séparation de corps, votée tout récemment n'ait pas abordé la question des enfants. — S'il y a eu prononciation du divorce entre les époux, nous proposerions d'appliquer la même solution relativement aux actes d'une importance considérable et à ceux qui se renouvellent chaque jour, en confiant l'exercice exclusif de ces derniers à l'époux qui a la garde, fût-ce la mère, bien entendu. — Quant à la mère veuve, elle devrait pouvoir exercer la tutelle dans les mêmes conditions que le père : par conséquent, n'être pas astreinte à convoquer le conseil de famille lorsqu'elle se remarie et avoir le droit de requérir la détention de ses enfants mineurs en cas de second mariage ; de plus, le père ne devrait plus avoir la faculté de lui nommer un conseil. —Plusieurs de ces réformes sont contenues dans des projets de loi relatifs à la capacité civile de la femme (pro-

jets de M. Camille Sée, 1880 et de M. Lefèvre 1889).
Espérons que ces projets seront repris, car, comme l'a
dit M. Naquet lors de la discussion de la loi sur le divorce : « La civilisation d'un pays se reconnaît aux
droits dont jouit la femme, à l'égalité plus ou moins
grande qui existe entre elle et l'homme. Consacrons
donc le principe de l'égalité morale des deux sexes »

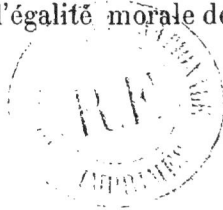

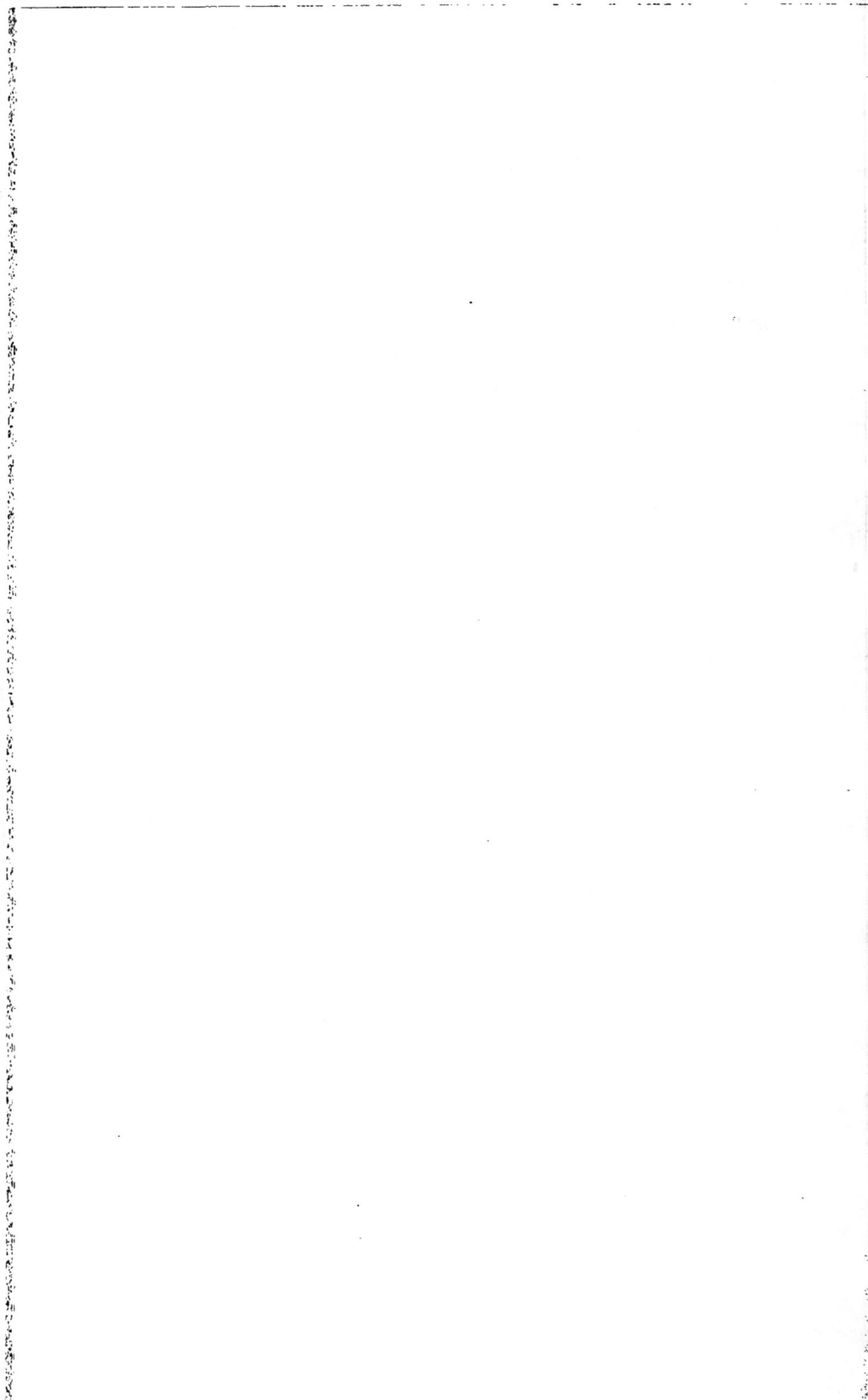

POSITIONS

Positions prises dans la thèse latine.

I. — La pétition d'hérédité est une action réelle.

II. — La pétition d'hérédité, en sa qualité d'action réelle, n'est ni de droit strict, ni de bonne foi.

III. — Les constitutions visées par la loi 3 au Digeste, livre V, titre III, sont celles de Trajan et d'Hadrien qui permettent aux militaires et vétérans de disposer par testament de leur pécule *castrense*.

IV. — La pétition d'hérédité doit être distinguée avec soin de l'action *familiæ erciscundæ*.

V. — La *querela inofficiosi testamenti* n'est qu'une pétition d'hérédité d'une espèce particulière.

VI. — L'interdit *quorum bonorum* n'est qu'un moyen possessoire ayant trait seulement à l'obtention de la possession.

VII. — La pétition d'hérédité peut être exercée contre un possesseur *pro possessore*.

Positions prises dans la thèse française.

I. — Il n'y a qu'une seule puissance paternelle.

II. — Les ascendants ne possèdent pas la puissance paternelle sur la personne de leurs petits-enfants.

III. — La tutelle officieuse et la délégation judiciaire organisée par la loi du 24 juillet 1889 dérogent au principe de l'inaliénabilité de la puissance paternelle.

IV. — En cas de séparation de corps et de divorce la puissance paternelle appartient toujours au père et il faut un texte pour lui enlever une prérogative de cette puissance.

V. — La déchéance prononcée par la loi du 24 juillet 1889 est totale.

VI. — Le paragraphe 2 de l'article 2 de la loi du 24 juillet 1889 ne fait pas double emploi avec les dispositions de l'article 1er de la même loi.

VII. — Les tribunaux, sous l'empire du Code et de la loi de 1889, ne peuvent pas modifier la puissance paternelle en dehors des cas prévus par la loi.

Positions prises en dehors de la thèse.

DROIT ROMAIN

I. — Le *nauticum fœnus* était un *mutuum*.

II. — La dot mobilière fut toujours aliénable en droit romain.

III. — Le colonat partiaire est une variété du louage.

IV. — Marc-Aurèle rendit la compensation possible dans les *stricta judicia*.

V. — La femme ne peut pas renoncer au sénatus-consulte Velléien.

DROIT FRANÇAIS

I. — Les enfants naturels reconnus peuvent être adoptés.

II. — Le domicile de la tutelle change avec le domicile du mineur.

III. — Le droit de chasse ne peut pas être établi à titre de servitude réelle.

IV. — La somme de 1500 francs versée à l'État par l'engagé conditionnel d'un an rentre dans les frais de nourriture et d'entretien et les frais ordinaires d'équipement qui ne sont pas rapportables.

V. — Le mari peut avec le concours de sa femme donner un immeuble de la communauté.

Positions diverses.

I. — Les pouvoirs de l'Assemblée nationale ne sont pas limités par la formule identique adoptée séparément dans chaque Chambre.

II. — La distraction des dépens est un bénéfice de la nature de la saisie-arrêt avec privilège au profit de l'avoué considéré comme premier saisissant.

III. — Un écrit n'est pas exigé pour la validité de la vente d'un navire ; il ne l'est que pour la preuve.

IV. — Le possesseur même de bonne foi ne peut acquérir la propriété d'un navire que par la prescription trentenaire.

V. — Les enfants naturels reconnus ne peuvent pas porter les titres de noblesse de leurs parents.

Vu :
Le Doyen,
COLMET DE SANTERRE.   Vu :
Le président de la thèse,
LÉON MICHEL.

Vu et permis d'imprimer :
Le Vice-Recteur de l'Académie de Paris,
GRÉARD.

TABLE DES MATIÈRES

DROIT ROMAIN

DROIT FRANÇAIS

Imp. G. Saint-Aubin et Thevenot, Saint-Dizier. 30, passage Verdeau, Paris.

Imp. G. Saint-Aubin et Thevenot, Saint-Dizier (Hte-Marne), 90, Passage Violette.